Impressum
Verlag: BABADADA GmbH, Nedderfeld 112 , 22529 Hamburg
Geschäftsführer / Verlagsleitung: Harald Hof
Druck: Books on Demand GmbH, In de Tarpen 42, 22848 Norderstedt

Imprint
Publisher: BABADADA GmbH, Nedderfeld 112 , 22529 Hamburg, Germany
Managing Director / Publishing direction: Harald Hof
Print: Books on Demand GmbH, In de Tarpen 42, 22848 Norderstedt

el colegio

قوتابخانە

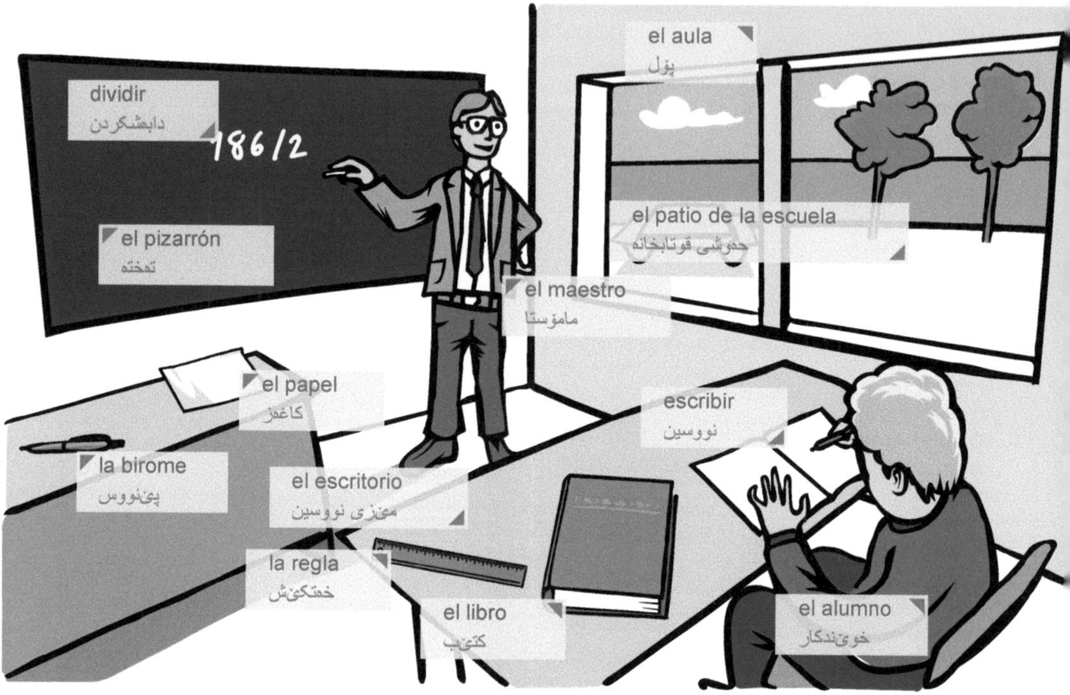

el aula
پۆل
dividir
دابەشکردن
186/2
el pizarrón
تەختە
el patio de la escuela
حەوشی قوتابخانە
el maestro
مامۆستا
el papel
کاغەز
escribir
نووسین
la birome
پێنووس
el escritorio
مێزی نووسین
la regla
خەتکێش
el libro
کتێب
el alumno
خوێندکار

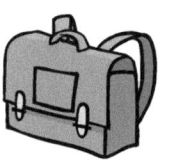

la mochila

چەواڵ

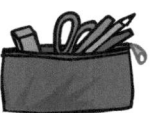

la caja de lápices

جانتای پێنووس

el lápiz

پێنووس

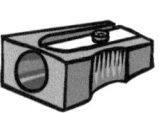

el sacapuntas

تیژکەرەوەی پێنووس

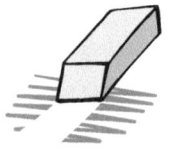

la goma (de borrar)

ڕەشکەرەوە

el bloc de dibujo

پەدی نیگارکێشان

el dibujo

نیگارکێشان

el pincel

فڵچەی ڕەنگ

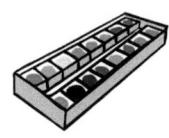

la caja de pinturas

قوتووی ڕەنگ

la tijera

مەقەست

el pegamento

چەسپ، کەتیرە

el cuaderno de ejercicios

کتێبی ڕاهێنان

la tarea

کاری ماڵەوە

el número

ژمارە

sumar

زیدەکردن

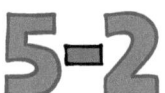

restar

کەمکردن

multiplicar

لێکدان

calcular

حسابکردن، ژماردن

la letra

پیت

el abecedario

نەلفوبێ

la palabra

وشە

el texto

نووسراوه، دەق

leer

خوێندنەوە

la tiza

گەچ

la lección

خول، دەرس

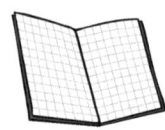

el cuaderno de clase

تۆمارکردن

el examen

ئەزموون، تاقیکردنەوە

el certificado

بڕوانامە

el uniforme escolar

جلی قوتابخانە

la educación

پەروەردە

la enciclopedia

زانیاری نامە

la universidad

زانکۆ

el microscopio

میکرۆسکۆپ

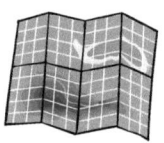

el mapa

خەریتە، نەخشە

el tacho (de basura)

سەبەتەی کاغەز

el viaje

سەفەر

el hotel
میوانخانە، هۆتێل
Grand
el hostel
میوانخانە
ROOMS
CHANGE
la casa de cambio
نووسینگەی گۆڕینەوەی دراو
la valija
جانتا، ساک
el auto
ئۆتۆمۆبیل

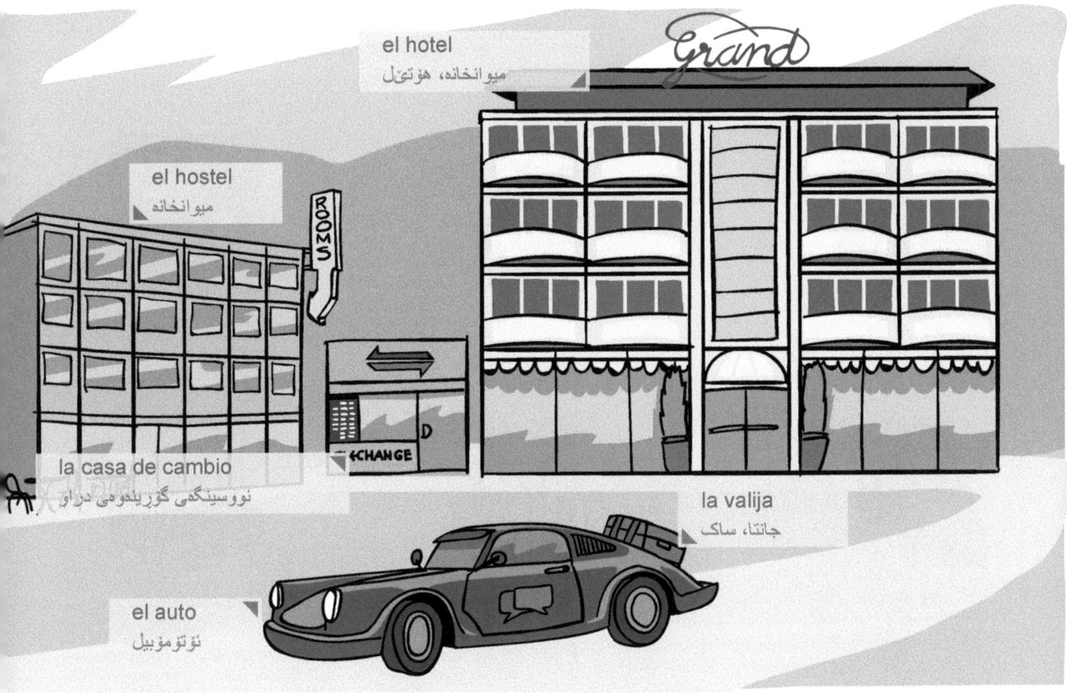

el idioma
زمان

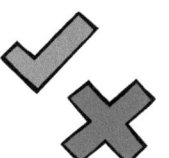

sí / no
بەڵێ / نەخێر

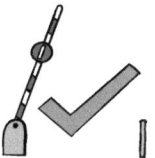

Está bien
باشە

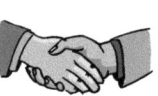

hola
سڵاو

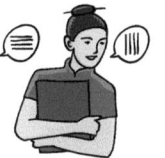

el traductor
وەرگێڕی دەق

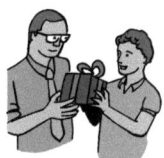

Gracias
سپاس

¿cuánto cuesta…?

بەچەندە …؟

No entiendo

من تێناگەم

el problema

کێشە

¡Buenas tardes!

ئێوارە باش!

¡Buenos días!

بەیانی باش!

¡Buenas noches!

شەو باش!

el adiós

ماڵئاوا، بەخێرچی

la dirección

ئاراستە، ڕێڕەو

el equipaje

جانتا

el bolso

جانتا

la mochila

کۆڵەپشتی

el invitado

میوان

la habitación

ژوور، دیو

la bolsa de dormir

کیسەخەو

la carpa

چادر، دەوار

la información turística

زانیاری بۆ گەشتیار

la playa

کەناراو

la tarjeta de crédito

کارتی قەرز

el desayuno

نانی بەیانی

el almuerzo

نانی نیوەڕۆ

la cena

نانی شەو

el pasaje

بلیت

el ascensor

ئاسانسۆر

el sello

پوول، تەمر

la frontera

سنوور

la aduana

گومرک

la embajada

بالوێزخانە

la visa

ڤیزا

el pasaporte

پاسپۆرت

el transporte

گواستنەوە

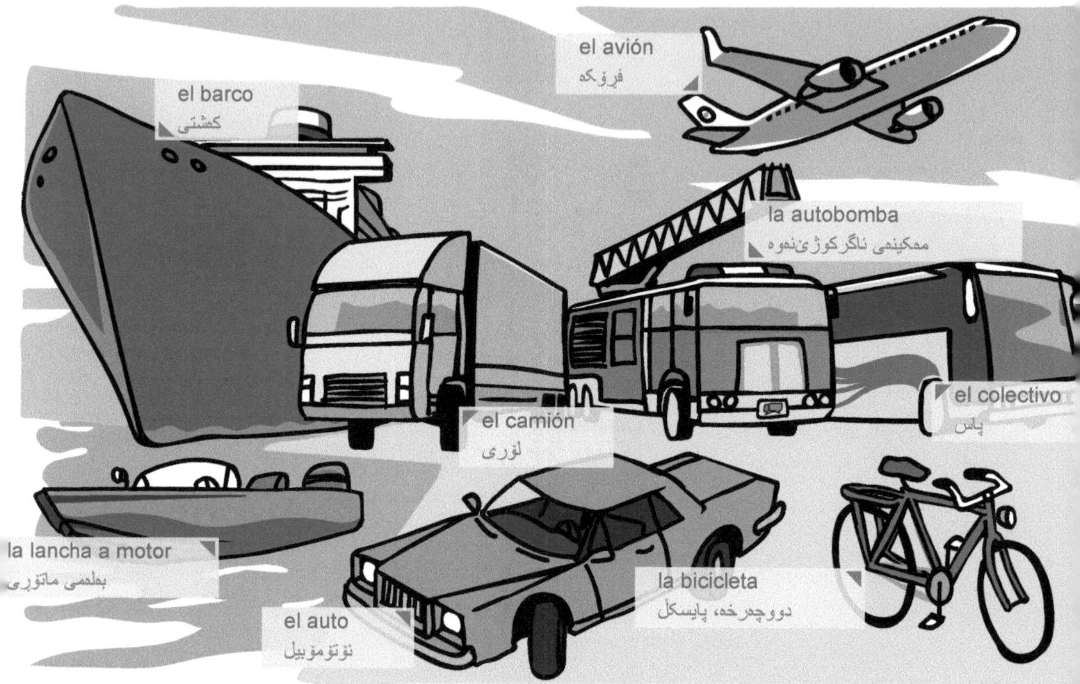

el avión
فڕۆکە
el barco
کەشتی
la autobomba
مەکینەی ئاگرکوژێنەوە
el colectivo
پاس
el camión
لۆری
la lancha a motor
بەلەمی ماتۆڕی
la bicicleta
دووچەرخە، پایسکل
el auto
ئۆتۆمۆبیل

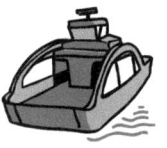

el ferry

کەشتی گواستنەوە

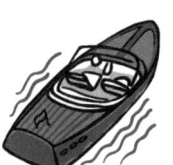

el bote

بەلەمی ماتۆڕی

la moto

ماتۆڕ

el patrullero

ئوتومبێلی پۆلیس

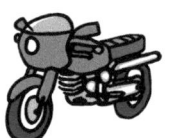

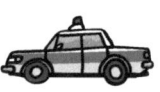

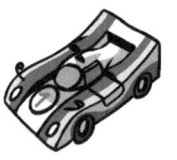

el auto de carreras

ئوتومبێلی پێشبڕکێ

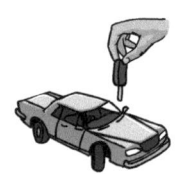

el auto de alquiler

ئۆتۆمۆبیلی کرێ

el alquiler de autos

نۆتۆمۆبیل هاوبەشکردن

la grúa

لۆری راکێششکردن

el camión de la basura

لۆری زبڵ

el motor

ماتۆر

la nafta

سووتەمەنی

la estación de servicio

وێستگەی بەنزین

la señal de tránsito

تابڵۆی هاتووچۆ

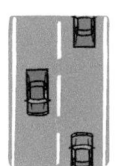

el tránsito

هاتووچۆ

el embotellamiento

ترافیک

el estacionamiento

شوێنی راگرتنی نۆتۆمۆبیل

la estación de tren

وێستگەی شەمەندەفەر

las vías

هێڵی ناسن

el tren

شەمەندەفەر

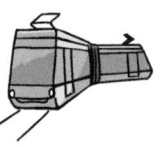

el tranvía

قەتاری سەرشەقام

el vagón

داشقە

el helicóptero

هەلیکۆپتەر

el aeropuerto

فرۆکەخانە

la torre

بورج

el pasajero

نەفەر

el contenedor

دەفر، کانتینەر

la caja de cartón

کارتۆن

la carretilla

داشقە

la canasta

سەودتە

despegar / aterrizar

هەلفرین / نیشتن

la ciudad

شار

el pueblo

گوند، دێهات

el centro de la ciudad

ناوەندی شار

la casa

مأڵ، خانوو

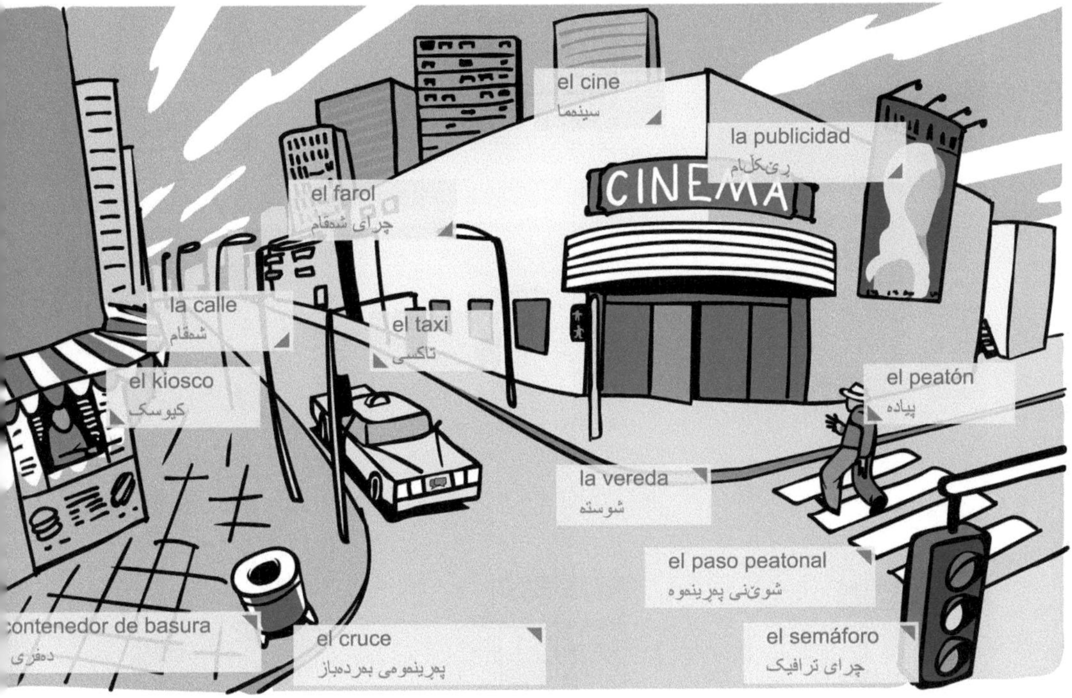

el cine
سینەما

la publicidad
ڕیکلام

el farol
چرای شەقام

la calle
شەقام

el taxi
تاکسی

el kiosco
کیۆسک

el peatón
پیادە

la vereda
شوسته

el paso peatonal
شوێنی پەڕینەوە

contenedor de basura
دەفری

el cruce
پەڕینەوەی بەردەباز

el semáforo
چرای ترافیک

la cabaña

خانووچکە

el departamento

نهۆم، باڵەخانە

la estación de tren

وێستگەی شەمەندەفەر

la municipalidad

کۆشکی شارەوانی

el museo

مۆزەخانە

el colegio

قوتابخانە

la universidad

زانكۆ

el banco

بانک

el hospital

نەخۆشخانە، خەستەخانە

el hotel

میوانخانە، هۆتێل

la farmacia

دەرمانخانە

la oficina

نووسینگە، فەرمانگە

la librería

کتێبفرۆشی

el negocio

دووکان

la florería

گوڵفرۆشی

el supermercado

سوپەرمارکێت

el mercado

بازار

las grandes tiendas

فرۆشگا

la pescadería

ماسیفرۆش

el centro comercial

ناوەندی کڕین

el puerto

بەندەر

el parque

پارک

el banco

کورسی دریژ

el puente

پرد

las escaleras

پێ پیلکان

el subte

ژێرزرەوی

el túnel

تۆنێل

la parada del colectivo

وێستگەی پاس

el bar

مەیخانە

el restaurante

ریستۆرانت

el buzón

سندووقی پۆست

el letrero

تابلۆی شەقام

el parquímetro

پێوەری پارکینگ

el zoológico

باخچەی ئاژەڵان

la pileta

حەوزی مەلە

la mezquita

مزگەوت

la granja

مەزرا

la contaminación

پیسبوونی ژینگە

el cementerio

قەبرستان، گۆڕستان

la iglesia

کەنیسە

los juegos infantiles

شوێنی یاری

el templo

پەرستگا

el paisaje

دیمەن

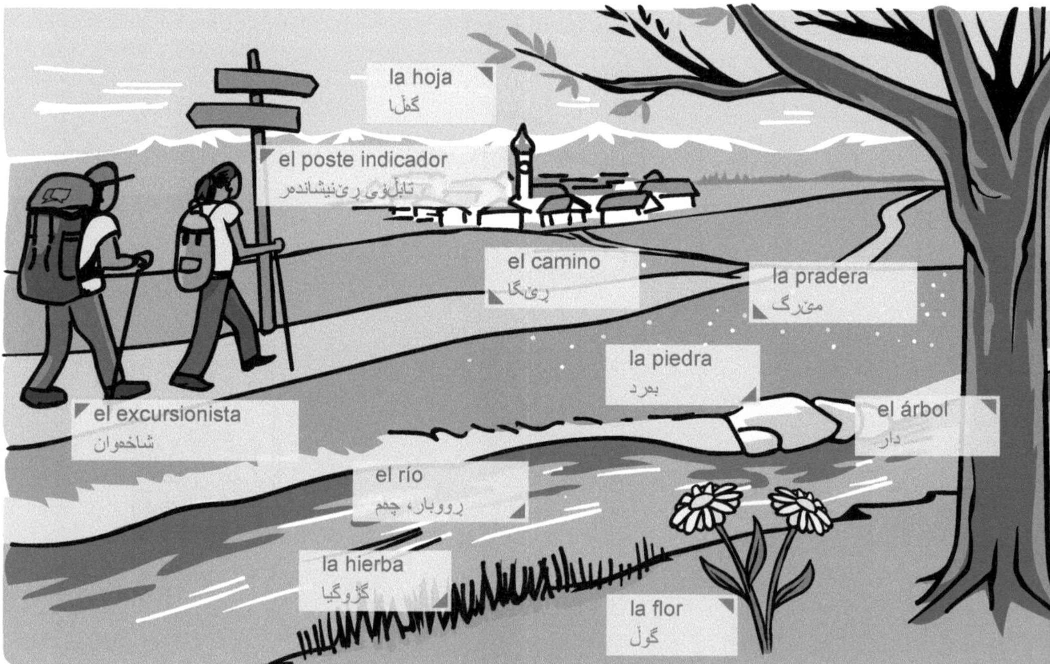

la hoja
گەڵا

el poste indicador
تابڵۆی ڕێنیشاندەر

el camino
ڕێگا

la pradera
مەرگ

la piedra
بەرد

el excursionista
شاخەوان

el árbol
دار

el río
ڕووبار، چەم

la hierba
گژوگیا

la flor
گوڵ

14

el valle

دۆڵ، شيو

la montaña

بەرزايى

el lago

دەرياچه

el bosque

دارستان

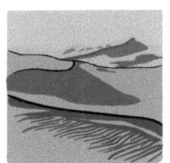

el desierto

چۆڵەوار

el volcán

بوركان

el castillo

قەڵا

el arco iris

كۆلكەزێرينه

el champiñón

كارگ

la palmera

دارخورما

el mosquito

مێشوولە

la mosca

مێشوولە

la hormiga

مێروولە

la abeja

مێش هەنگوين

la araña

جاڵجاڵووكه

el escarabajo

قالونچه

la rana

بوق

la ardilla

سمۆره

el erizo

ژیشک

la liebre

کەروێشکە کێوی

la lechuza

کوند

el pájaro

باڵەندە

el cisne

قازی سپی

el jabalí

بەرازی کێوی

el ciervo

ئاسک

el alce

بزنە کێوی

la presa

بەنداو

el aerogenerador

تۆربینی با

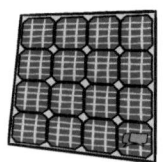

el panel solar

پەڕەی خۆری

el clima

ناووهەوا

el restaurante

ڕێستۆرانت

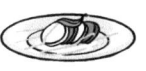

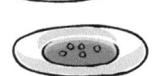

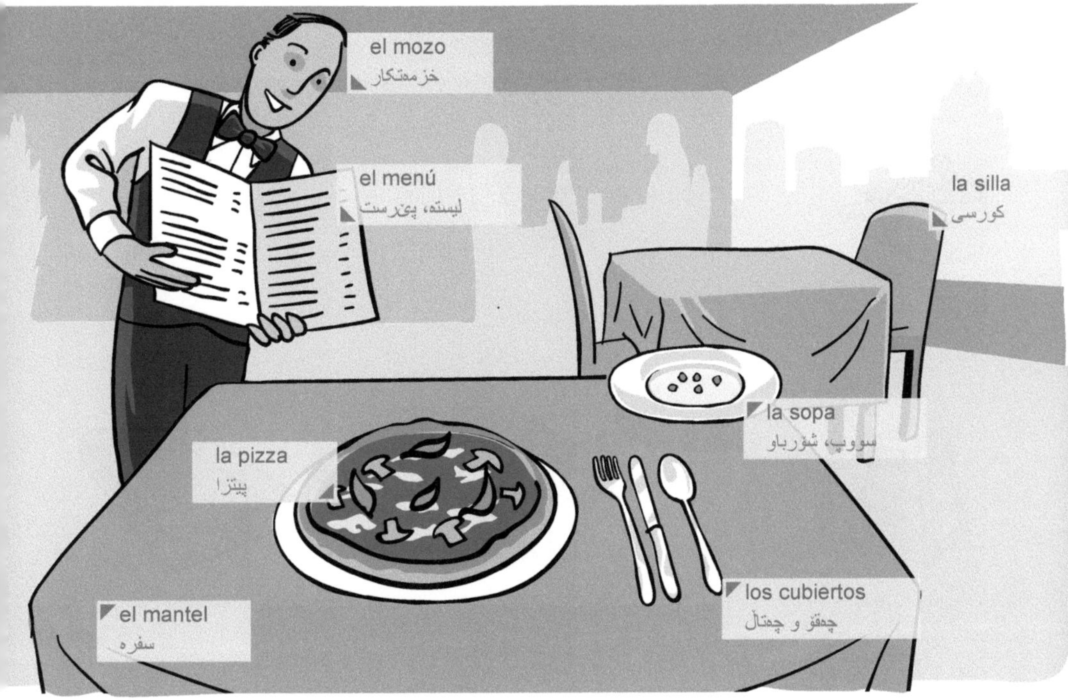

el mozo
خزمەتکار
el menú
لیستە، پێرست
la silla
کورسی
la sopa
سووپ، شۆرباو
la pizza
پیتزا
los cubiertos
چەقۆ و چەتاڵ
el mantel
سفرە

la entrada

خواردنی دەستپێک

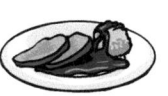

el plato principal

خواردنی سەرەکی

el postre

دێسێر

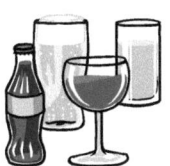

las bebidas

خواردنەوە

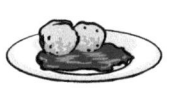

la comida

خواردن

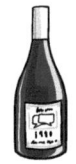

la botella

بوتڵ

la comida rápida

خواردنی خێرا

la comida callejera

خواردنی سەرشەقام

la tetera

قۆری

la azucarera

قوتووی شەکر

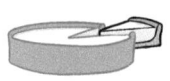

la porción

بەش

la cafetera expreso

نامێری سازکردنی قاوەی ئێسپرەسۆ

la sillita alta

کورسی بەرز

la cuenta

تێچوو

la bandeja

کەشمەف

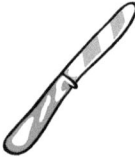

el cuchillo

چەقۆ

el tenedor

چنگاڵ

la cuchara

کەمچک

la cucharita

کەمچکی چا

la servilleta

دەسمال

el vaso

لیوان، پەرداخ

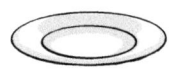

el plato

قاپ، دەورى، دەفر

el plato hondo

قاپى شۆرباو

el plato

ژێرپیاڵه

la salsa

سۆس

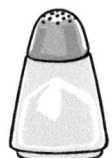

el salero

خوێدان

el molinillo de pimienta

هاڕەرى بیبار

el vinagre

سرکه

el aceite

ڕۆن

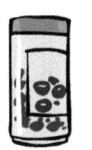

las especias

بههارات

el kétchup

دۆشاوى تەمات، سۆسى تەماتە

la mostaza

سۆسى موستارد

la mayonesa

سۆسى مایۆنێز

el supermercado

سوپەرمارکێت

la oferta especial
داشکاندنی تایبەتی
el cliente
مشتەری
los lácteos
شیرەمەنی
FOR
la fruta
میوە
el changuito
داشقە

BUTCHERS

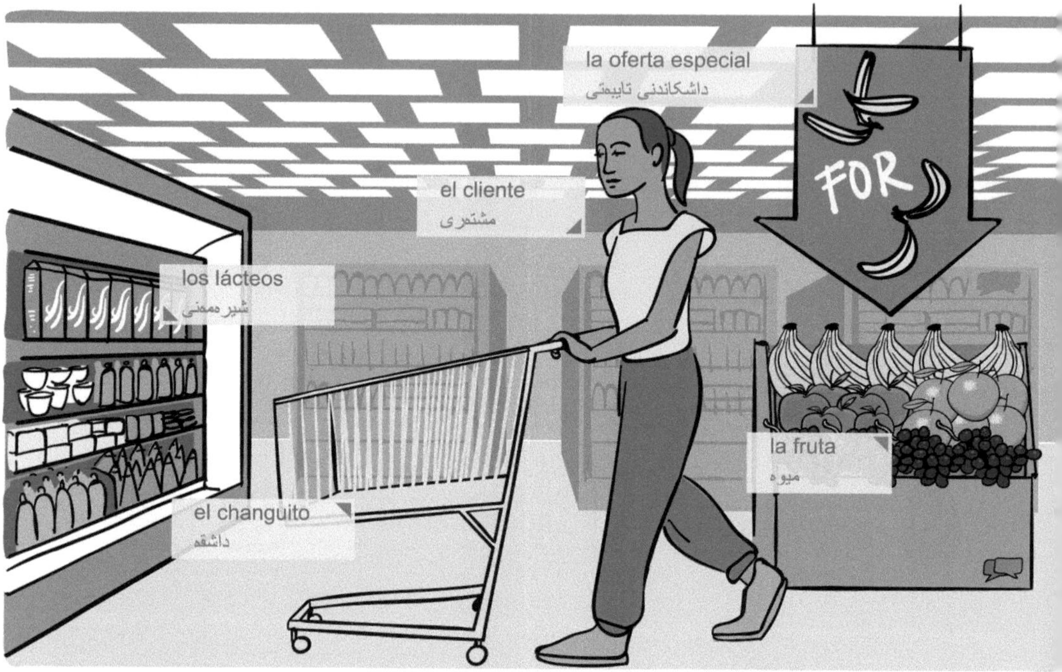

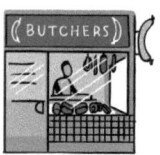

la carnicería

دووکانی قەسابی

BAKERY

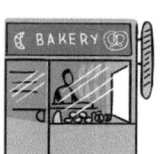

la panadería

نانەواخانە

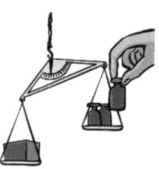

pesar

کێشان

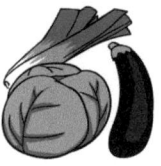

las verduras

سەوزی

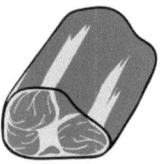

la carne

گۆشت

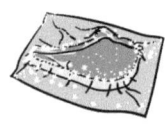

los alimentos congelados

خواردنی بەستوو

los fiambres
گۆشتی سارد

los alimentos enlatados
خواردنی کۆنسێرو

el detergente en polvo
دەرمانی بشۆر

las golosinas
شیرینی

los electrodomésticos
بەرهەمی خۆمأڵی

los productos de limpieza
بەرهەمی خاوێنکردنەوە

la vendedora
فرۆشیار

la caja
ژمێرەر

el cajero
ژمێریار، خەزمەندار

la lista de compras
لیستی کڕین

el horario de atención
کاتی دەوام

la billetera
کیسەباخەڵ، جزدان

la tarjeta de crédito
کارتی قەرز

la cartera
توورەمکە، کیسە

la bolsa de plástico
توورەمکە

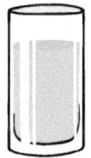

el agua

ناو

el jugo

شەربەت

la leche

شیر

la bebida cola

خەڵووز

el vino

شەراب

la cerveza

بیرە

el alcohol

ئەلکول

el cacao

كاكاو

el té

چایی، چا

el café

قاوە

el café expreso

قاوەی ئێسپرێسۆ

el cappuccino

كاپوچینۆ

la banana

مۆز

la manzana

سێو

la naranja

پرتەقاڵ

el melón

كاڵەمك

el limón

لیمۆ

la zanahoria

گێزەر

el ajo

سیر

el bambú

حەیزەمران

la cebolla

پیاز

el champiñón

كارگ

las nueces

سەمموونە، گوێز، ناوكە

los fideos

نوودڵ

los tallarines

ماکارۆنی

el arroz

برینج

la ensalada

زەڵاتە

las papas fritas

چپس

las papas fritas

پەتاتەی برژاو، پەتاتەی سوورۆکراو

la pizza

پیتزا

la hamburguesa

هەمبرگێر

el sándwich

ساندویچ، دۆندرمە

el churrasco

پارچە گۆشت

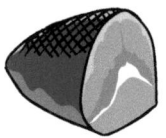

el jamón

گۆشتی بەراز

el salame

گۆشتی بەراز

la salchicha

سۆسیس

el pollo

مریشک

el asado

برژاندن، نرژان

el pescado

ماسی

los copos de avena

شۆرباوی ساوار

el muesli

دانەوێڵەی تێکەڵ

los copos de maíz

دانەی دانەوێڵە

la harina

ناردە

la medialuna

کرۆسانت، نانێکی فەرەنسی

el pancito

نانی خڕ

el pan

نان

la tostada

نانی برژاو

las galletitas

بسکێت

la manteca

کەرە، ڕۆنی کەرە

la cuajada

سەرتوێژ، توێژ

la torta

کێک

el huevo

هێلکە

el huevo frito

هێلکەی برژاو

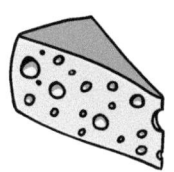

el queso

پەنیر

el helado

بەستەنی، دۆندرمە

el azúcar

شەمكر

la miel

هەنگوین

la mermelada

مرەبا

la pasta de chocolate

خامەی نۆگات

el curry

بەهارات

la granja
کۆخ (ماڵ لە مەزرا)

el granero
تەویلە

el fardo de paja
کڵۆشی کا

el campo
مەزرا

el caballo
ئەسپ

el remolque
ماڵی سەفەری

el potrillo
جوانوو

el tractor
تراکتۆر

el burro
کەر، گوێدرێژ

el cordero
بەرخ

la oveja
مەڕ

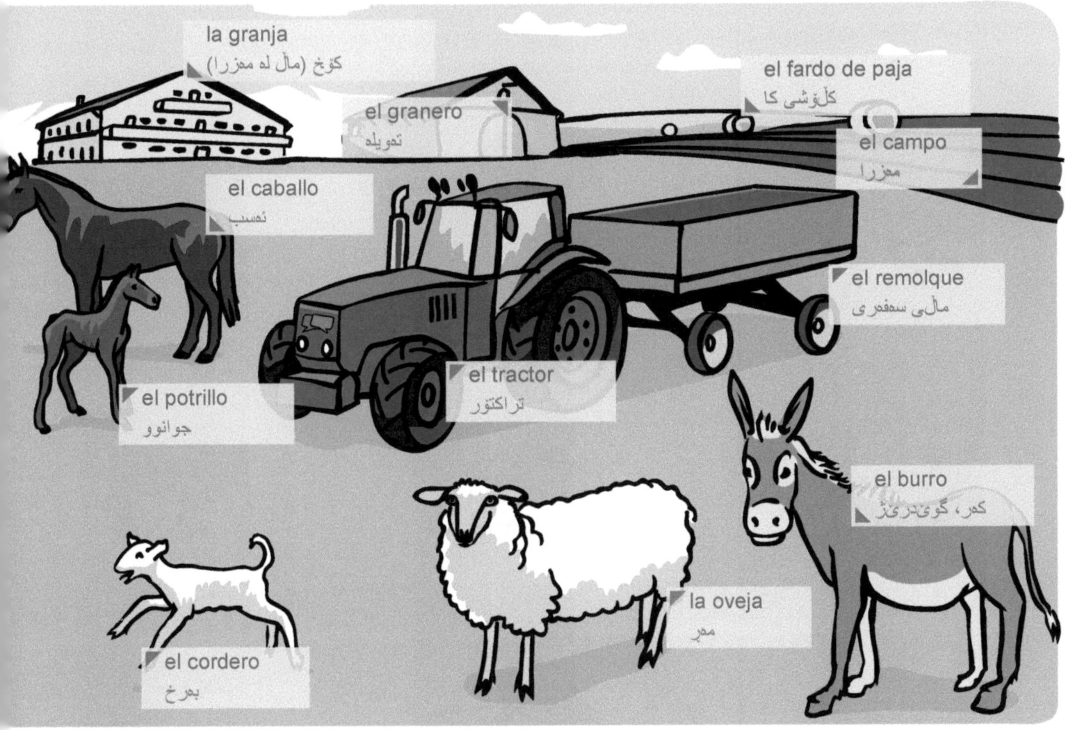

la cabra
بزن

la vaca
مانگا

el ternero
گوێلک

el cerdo
بەراز

el lechón
فەرخە بەراز

el toro
جوانەگا

el ganso

قاز

el pato

مراوی

el pollo

جووچک

la gallina

مریشک

el gallo

کەڵەشێر

la rata

جرج

el gato

پشیله

el ratón

مشک

el buey

گا

el perro

سەگ، سەگ

la cucha

کونە سە

la manguera

سۆندە

la regadera

تونگەی ناودان

la guadaña

مأڵەغان

el arado

گاسن

la hoz

داس

la azada

مەرە

la horquilla

شمشە

el hacha

تەور

la carretilla

عارەبانەی دەستیی

el abrevadero

دەفری خواردنی ئاژەڵان

la lechera

دەفری شیر

la bolsa

تەلیس

la reja

پەرژین

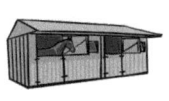

el establo

تەویلە

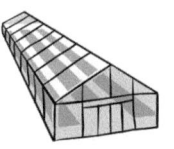

el invernadero

گوڵخانە

el suelo

خۆڵ

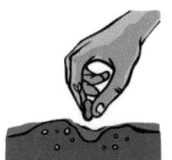

la semilla

دەمک، تۆک

el fertilizador

پەین

la cosechadora

کۆمباین

cosechar

دروێنەکردن

la cosecha

خەرمان

las batatas

پەتاتە

el trigo

گەنم

la soja

لووبیا، فاسۆلیا

la papa

پەتاتە

el maíz

گەنمەشامی

la semilla de colza

جۆرێک دەخڵودان

el árbol frutal

داری بەری

la mandioca

سێوی بنەمەرزیلە

los cereales

دانەوئڵمی تێکەڵ

la casa

ماڵ، خانوو

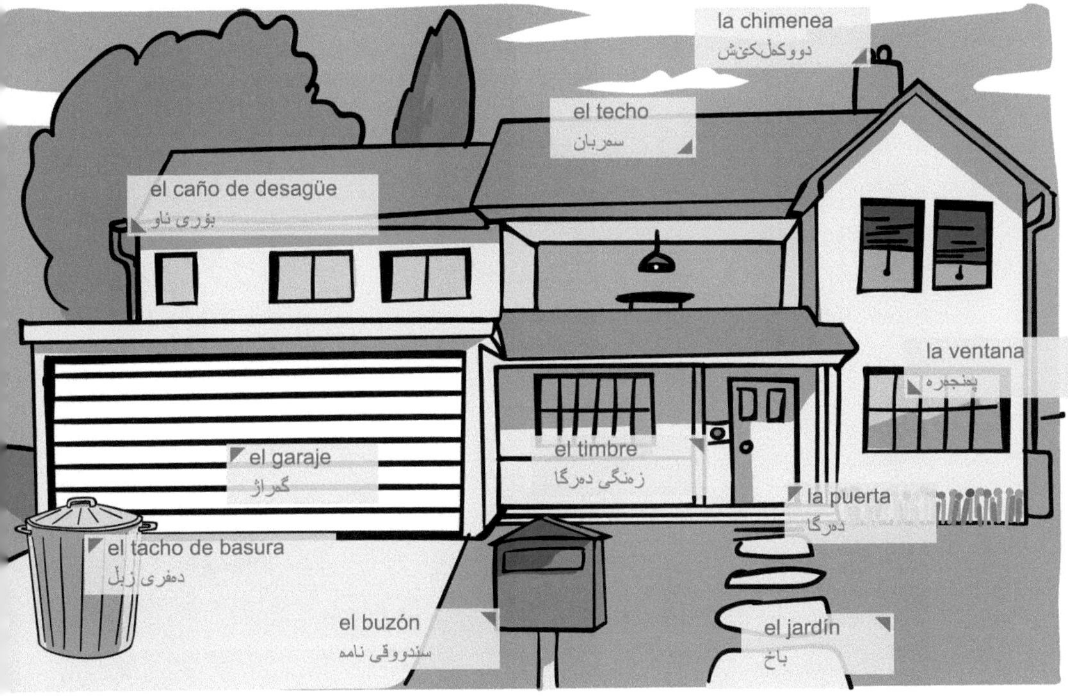
la chimenea
دووکەڵکێش
el techo
سەربان
el caño de desagüe
بۆری ئاو
la ventana
پەنجەرە
el garaje
گەراژ
el timbre
زەنگی دەرگا
la puerta
دەرگا
el tacho de basura
دەفری زبڵ
el buzón
سندووقی نامە
el jardín
باخ

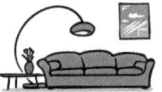

el living

ژووری دانیشتن

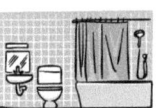

el baño

حەمام، ئاودەستخانە

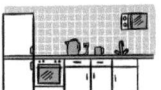

la cocina

چێشتخانە

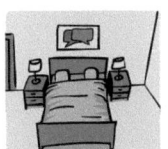

el dormitorio

ژووری خەو

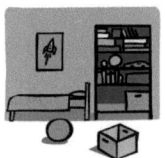

el cuarto de los chicos

ژووری منداڵ

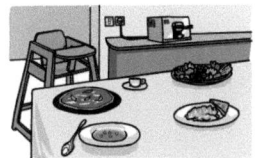

el comedor

ژووری نانخوارن

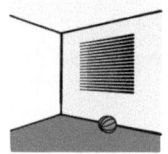

el piso

دالان، ئەرز

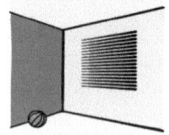

la pared

دیوار

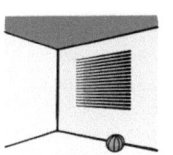

el cielorraso

بن مێچ

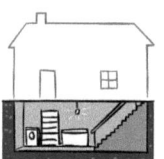

el sótano

ژێرزەمین

el sauna

ساونا

el balcón

بالکۆن، هەیوان

la terraza

هەیوان

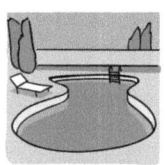

la pileta

حەوز، مەلەوانگە

la cortadora de pasto

گژوگیابڕ

la sábana

مەلافە

el acolchado

مەلافەی نوێن

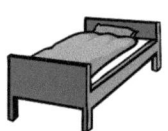

la cama

پێخەف، نوێن

la escoba

گسک

el balde

سەتڵ

el interruptor

سویچ، کلیل

el living

ژووری دانیشتن

el empapelado
کاغەزی دیواری
la imagen
وێنە
la lámpara
لامپ، چرا، گڵۆپ
el estante
ڕەفە
el armario
کۆمێد
la televisión
تەلەفیزیۆن
la chimenea
ئاگردان
la flor
گوڵ
el almohadón
باڵەنج، سەرین
el sofá
سۆفا
el florero
گوڵدان
el control remoto
کۆنترۆڵ لە ڕێگەی دوور

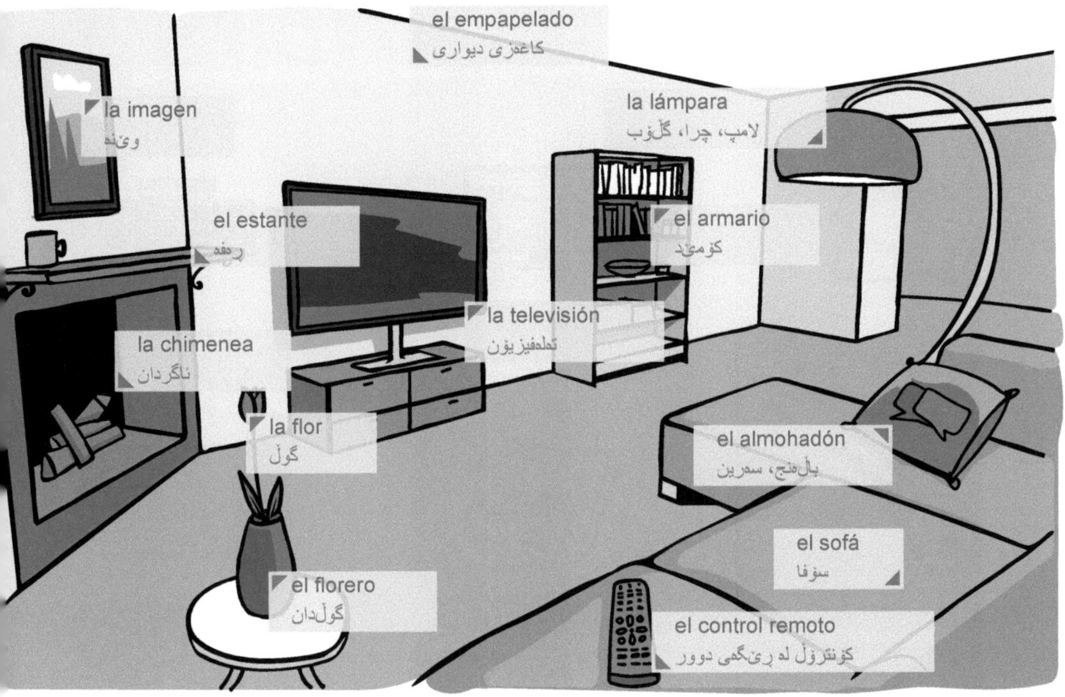

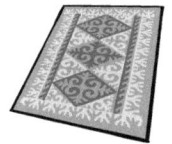

la alfombra

فەرش

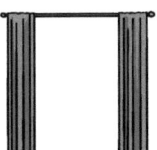

la cortina

پەردە

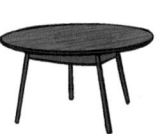

la mesa

مێز

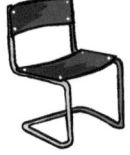

la silla

کورسی

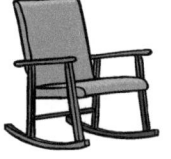

la mecedora

کورسی ڕاژاندن

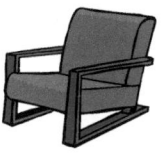

el sillón

کورسی دەسکدار

el libro

کتێب

la frazada

پەتوو، بەتانی

la decoración

ڕازاندنەوە

la leña

داری سووتاندن

la película

فیلم

el equipo de música

ستێریۆ

la llave

کلیل

el diario

ڕۆژنامە

la pintura

نیگار، نیگارکێشان

el póster

پۆستەر

la radio

ڕادیۆ

el cuaderno

تیانووس

la aspiradora

گسکی کارەبایی

el cactus

کاکتووس

la vela

مۆم

la cocina

چێشتخانە

la heladera
ساردکەر
el microondas
مایکرۆوەیڤ
la balanza de cocina
پێوانەی چێشتخانە
la tostadora
نان برژێن
el detergente
دەرمانی خاوێنکردنەوە
el horno
زۆپا، گاز
el freezer
بەستێنەر
el tacho de basura
دەفری زبڵ
el lavaplatos
ئامێری قاپ شۆردن

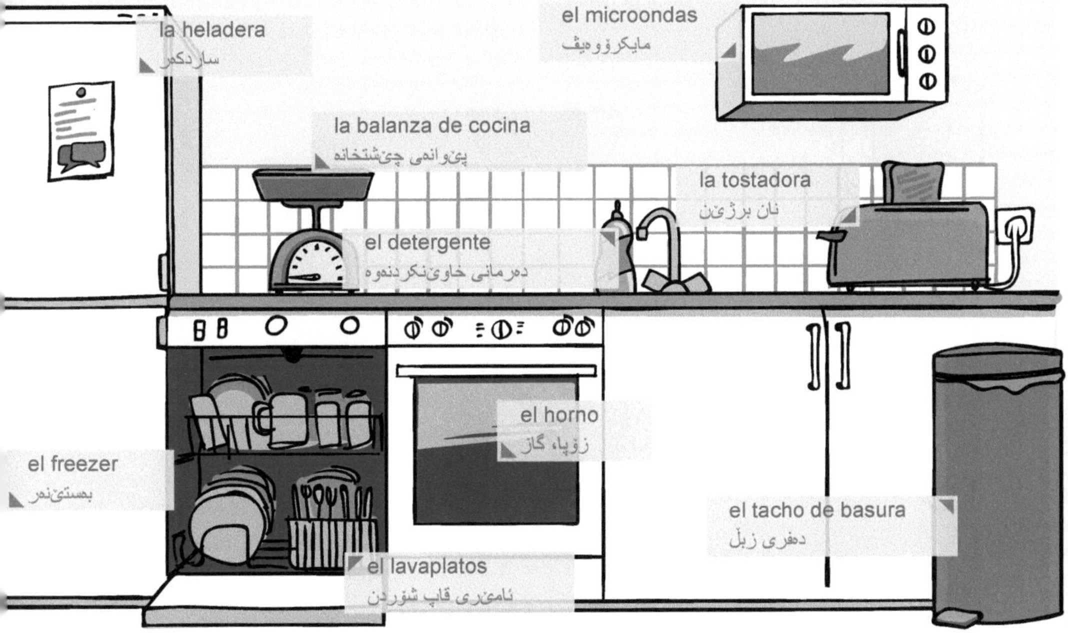

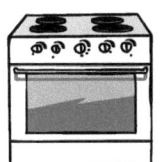

la cocina

چێشتلێنەر

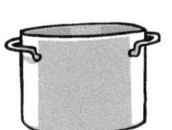

la olla

مەنجەڵ

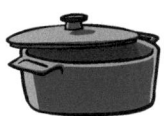

la olla de hierro fundido

قاپی ئوتوو

el wok

تاوەی قووڵ

la sartén

تاوە

la pava

کتری، ئاوگەمکەر

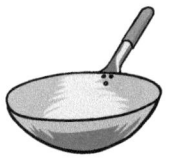

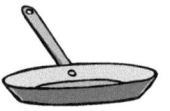

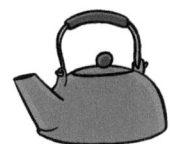

la vaporera

چێشتلێنەری هەڵمی

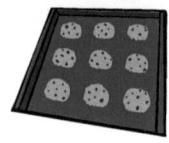

la bandeja de horno

کەشمفی نانکردن

la vajilla

قاپ و قاچاغ

la taza

کۆپ

el bol

قاپ

los palitos

چیلکەی نانخواردن

el cucharón

نەسکوی

la espátula

کەوگیر

la batidora

گسک

el colador

سووزمە

el colador

بێژنگ

el rallador

ئامێری جینینی پەنیر و سەوزە

el mortero

دەستار

la parrilla

برژاندن

la fogata

ئاگر

la tabla de picar

تەختەی وردکردن

el palo de amasar

تیرۆک

el sacacorchos

بورغی فلین

la lata

قوتوو

el abrelatas

قوتووکەردوە

la manopla

دەسرەی مەنجەڵ

la pileta

دەسشۆر

el cepillo

فڵچە

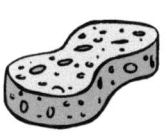

la esponja

ئیسفەنج

la batidora

تێکەڵکەر

el congelador

قەرەسی

la mamadera

شووشە شیر

la canilla

شێری ئاو

la calefacción
زوپ/گەرمکەر

la ducha
دووشی ئاو، خورژم

la toalla
خاولی

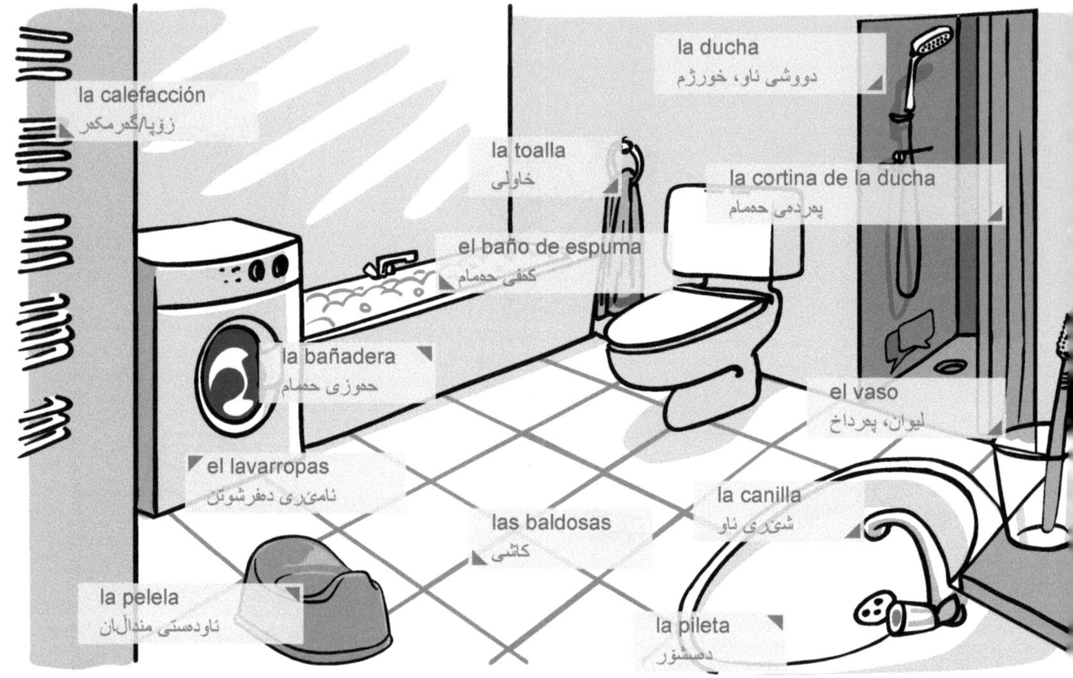

la cortina de la ducha
پەردەی حەمام

el baño de espuma
کەفی حەمام

la bañadera
حەوزی حەمام

el vaso
لیوان، پەرداخ

el lavarropas
ئامێری دەفرشوتن

la canilla
شیری ئاو

las baldosas
کاشی

la pelela
ناودەستی مندالٳان

la pileta
دەسشۆر

el inodoro	**la letrina**	**el bidé**
ناودەست، تواڵێت	تواڵێتی نزم، ناودەست	جۆرێک تواڵێت
el mingitorio	**el papel higiénico**	**el cepillo para el inodoro**
تواڵێت، ناودەست	کاغەزی ناودەستخانە	فڵچەی ناودەستخانە

el cepillo de dientes

فڵچەی ددان

el dentífrico

خەمیری ددان

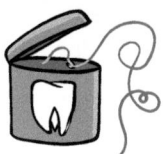

el hilo dental

بەنی ددان

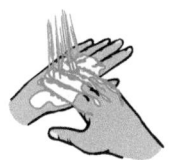

lavar

شۆردن، شوتن

la ducha de mano

خورژمی دەستی

la ducha higiénica

دووش

la palangana

کاسەی دەستوچاوشوتن

el cepillo para la espalda

فڵچەی پشت

el jabón

سابوون

el gel de ducha

جێڵی خۆشوتن

el shampoo

شامپۆ

la toallita

فلانیێل

el desagüe

ناوەڕۆ

la crema

کرێم

el desodorante

بۆنخۆشکەرە

el espejo

ئاوێنە

el espejito

ئاوێنەی دەستی

la maquinita de afeitar

مەکینەی ڕیش تاشین

la espuma de afeitar

سابوونی ڕیش تاشین

el aftershave

کرێمی دوای ڕیش تاشین

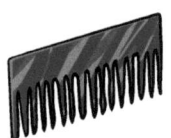

el peine

شانە

el cepillo

فڵچە

el secador de pelo

سێشوار، سەرنیشککەرەوە

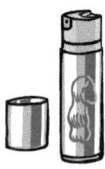

el spray

سپرەی قژ

el maquillaje

سوورەوسپیاو

el lápiz de labios

سووراو

el esmalte para uñas

ڕەنگی نینۆک

el algodón

لۆکە

la tijera para uñas

مەقەستی نینۆک

el perfume

عەتر

el portacosméticos

کیسەی حەمام

la banqueta

کورسی بێ پشت

la balanza

پێوەر

la bata

خاولی حەمام

los guantes de goma

دەستەوانەی چەرم

el tampón

تامپۆن

la toallita femenina

خاولی خاوێنکردنەوە

el baño químico

ئاودەستی کیمیایی

el cuarto de los chicos

ژووری منداڵ

el despertador
سەعاتی زەنگدار
el peluche
گەمەی شیرن
el coche de juguete
ماشێنی یاری
la casa de muñecas
خانووی بووکەشووشە
el regalo
دیاری
el sonajero
شەقشەقەی منداڵ

el globo

بالۆن

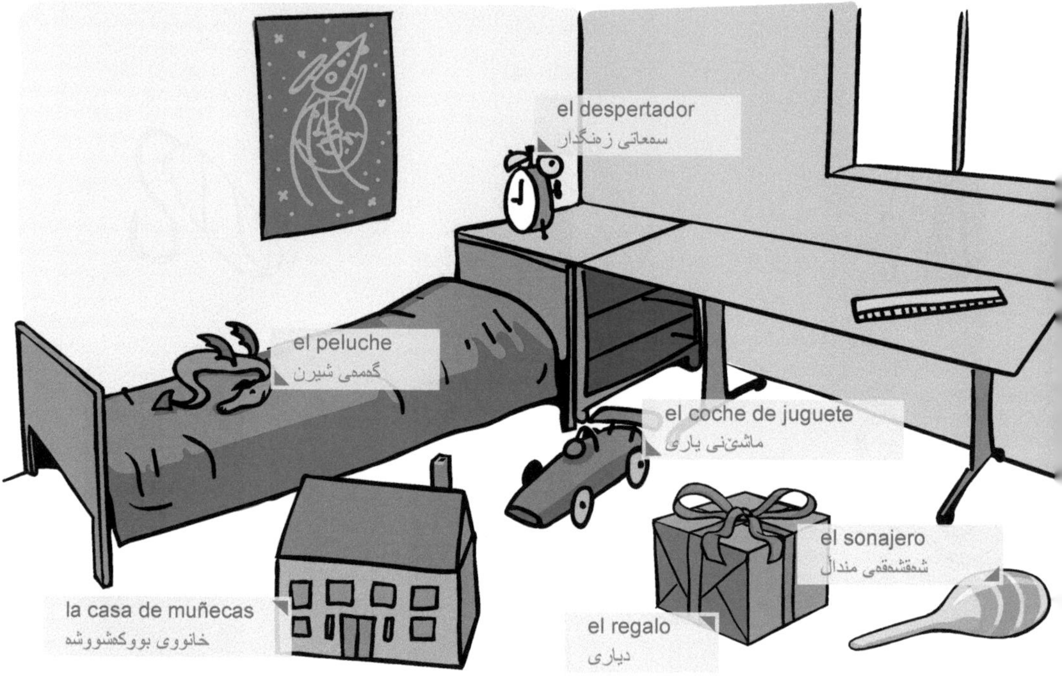

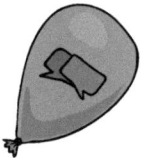

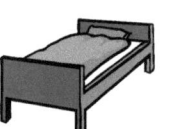

la cama

پێخەف، نوێن

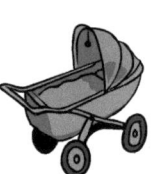

el cochecito

داشقەی منداڵ

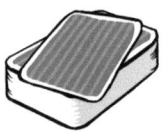

las cartas

گەمەی کارت

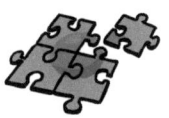

el rompecabezas

مەتەڵ، مەتەڵۆک

SUPER
MEGA

la historieta

کۆمێدی

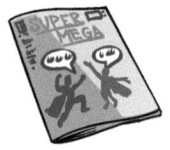

las piezas de lego

خشتی لێگۆ

los ladrillos de juguete

خشتی یاری

la figura de acción

بووكه شووشه

el enterito (de bebé)

جلی منداڵ

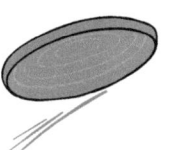

el frisbee

یاری فریزبی

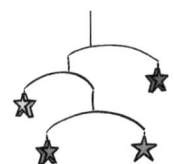

el móvil para bebés

بزۆک، جوولێنراو

el juego de mesa

یاری تەختە

los dados

مۆره

el tren eléctrico

مۆدێلی شەمەندەفەر

el chupete

مەمكە مژە

la fiesta

میوانی، جەژن

el libro de cuentos ilustrado

كتێبی وێنەدار

la pelota

تۆپ

la muñeca

بووكەشووشە

jugar

كایە كردن، یاری كردن

el arenero

قۆرتی خیزوخۆڵ

la hamaca

جۆلانه

los juguetes

کایەی مندالان، یاری مندالان

la consola de videojuegos

گەمەی ویدیۆیی

el triciclo

سێچەرخه

el osito de peluche

ورچی یاری

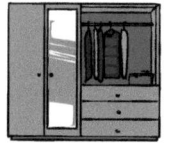

el armario

کەنتور

la ropa

جلوبەرگ

las medias

گۆرەوی

las medias panty

گۆرەوی درێژ

las calzas

گۆرەوی درێژ

la bufanda
شاڵی مل

el paraguas
چەتر

la remera
کراس

el cinturón
قایش، پشتێن

la remera
کراس

las botas
چمکمە، پۆتین

las pantuflas
پێڵاوی ماڵ

las zapatillas
پێڵاو

las sandalias

پاپوچ

los zapatos

کەوش، پێڵاو

las botas de goma

چمکمەی چەرم

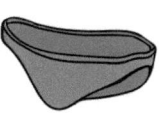

la ropa interior

پانتۆڵی ژێرەوە

el corpiño

ستیان، سوخمە

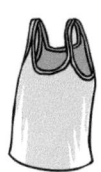

el chaleco

جلیسقە

el body

جسته، لش

los pantalones

پانتۆل

los jeans

پانتۆل

la pollera

دامن، تمنووره

la blusa

كراس

la camisa

كراس

el pulóver

بلووز

el buzo

بلووز

el blazer

چاكت

la campera

چاكت

el tapado

بألته

el piloto

بارانی

el traje

پۆشاك

el vestido

كراسی ژنانه

el vestido de novia

جلی زەماوەند

el traje

چاکهت و پانتۆڵ

el camisón

جلی خهو

el pijama

جلی خهو

el sari

ساری

el pañuelo para la cabeza

لهچکه

el turbante

جهممهدانه، سهرپێچ

la burka

بۆرکا

el caftán

کهفتان

la abaya

عهبا

el traje de baño

جل و بهرگی مهلهمکردن

el short de baño

پانتۆڵی مهله

los shorts

پانتۆڵی کورت

el jogging

جلوبهرگی ڕاههڵنان

el delantal

بهروانکه، بهرکوشد

los guantes

دهستهوانه

el botón

دوگمه

los anteojos

چاویلکه

la pulsera

بازنه

el collar

ملوانکه

el anillo

نمنگوستیله

el aro

گواره

la gorra

کڵاو

la percha

داری جل هەڵواسین

el sombrero

کڵاو

la corbata

بۆینباخ

el cierre

زیپ

el casco

کڵاوی پارێزەر

los tiradores

هەڵگر

el uniforme escolar

جلی قوتابخانه

el uniforme

یمکپۆش

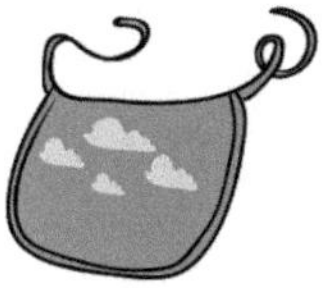

el babero

بەرلیکە، بەرکۆشی منداڵ

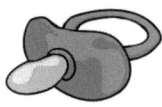

el chupete

مەمکە مژە

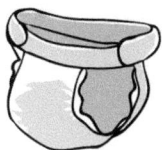

el pañal

دایبی، پەڕۆشۆر

la oficina

نووسینگە، فەرمانگە

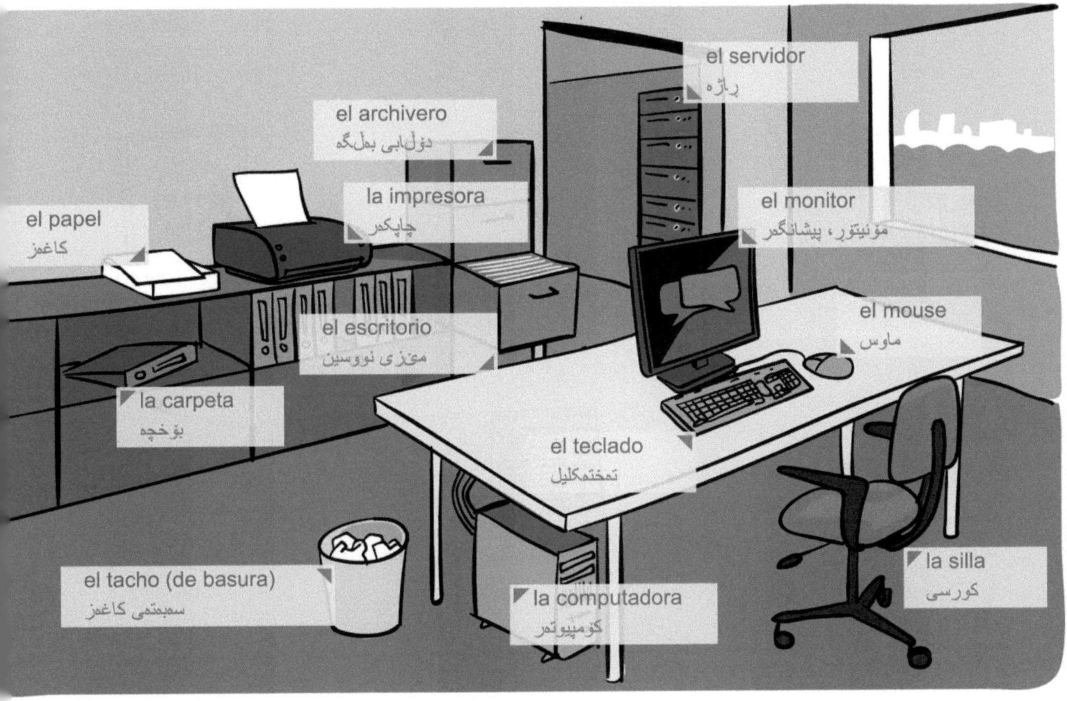

el servidor
ڕاژە
el archivero
دۆڵابی بەڵگە
el papel
کاغەز
la impresora
چاپکەر
el monitor
مۆنیتۆر، پیشانگەر
el escritorio
مێزی نووسین
el mouse
ماوس
la carpeta
بۆخچە
el teclado
تەختەکلیل
el tacho (de basura)
سەبەتەی کاغەز
la computadora
کۆمپیوتەر
la silla
کورسی

la taza de café

کوپی قاوە

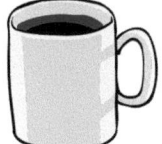

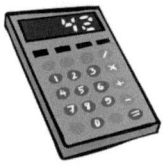

la calculadora

ژمێرەر

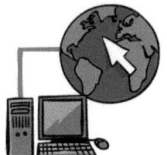

el internet

ئینتەرنێت

la laptop

لەپتۆپ

la carta

نامە

el mensaje

پەیام

el celular

مۆبایل، تەلەفۆنی دەست

la red

تۆڕ

la fotocopiadora

نامەی لەبەرگرتنەوە، کۆپیکەر

el software

نەرمەکەکالا

el teléfono

تەلەفۆن

el tomacorriente

ساکێتی دووشاخە

el fax

نامەی فەکس

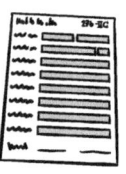

el formulario

فۆرم

el documento

بەڵگە

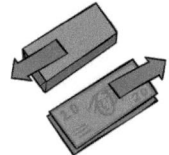

comprar

كرين

pagar

پارەدان

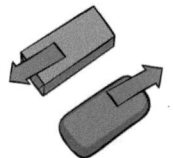

hacer negocios

بازرگانی، ئالووگۆڕکردن

el dinero

پارە، دراو

el dólar

دۆلار

el euro

یۆرۆ

el yen

یەن

el rublo

ڕووبڵی ڕووسی

el franco suizo

فرانکی سویسی

el yuan

یوان، یەکەی دراوی چینی

la rupia

ڕووپییە

el cajero automático

ممکینەی پارە

la casa de cambio

ناوسینگەی گۆڕینەوەی دراو

el oro

زێڕ

la plata

زیو

el petróleo

نەوت

la energía

وزه

el precio

نرخ، بەها

el contrato

ڕێکەوتننامه

el impuesto

باج

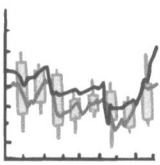

la acción

سەهام

trabajar

کارکردن

el empleado

کارمەند، کارکەر

el empleador

خاوەنکار

la fábrica

کارخانه

el negocio

دووکان

las ocupaciones

ئیشەکان

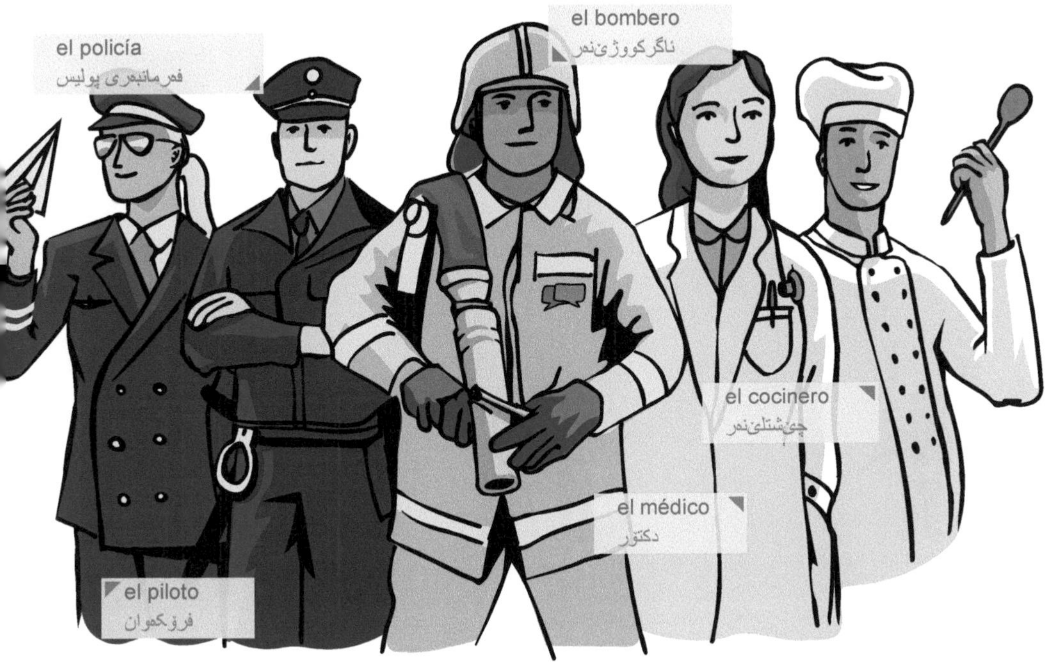
el policía
فەرمانبەری پولیس
el bombero
ئاگرکوژێنەر
el cocinero
چێشتلێنەر
el médico
دکتۆر
el piloto
فڕۆکەوان

el jardinero

باخەوان

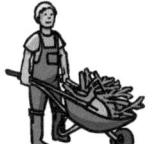

el carpintero

دارتاش، مەرەنگۆز

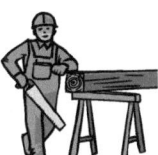

la modista

خەییات

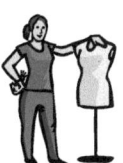

el juez

دادوەر

el farmacéutico

کیمیازان

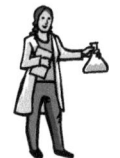

el actor

شانۆگەر، شانۆکار

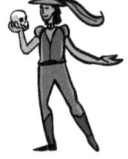

el colectivero

شۆفیری پاس

el taxista

شۆفیر تاکسی

el pescador

ماسیگر

la mucama

کڵفەت

el techista

وەستای سەربان

el mozo

خزمەتکار

el cazador

ڕاوچی

el pintor

بۆیاخچی

el panadero

نانکەر

el electricista

کارەباچی

el albañil

بەننا

el ingeniero

ئەندازیار

el carnicero

قەساب

el plomero

وەستای بۆری

el cartero

پۆستەچی

el soldado

سەرباز

el arquitecto

نەخشمکێش

el cajero

ژمێریار، خەزەندار

el florista

گوڵفرۆش

el peluquero

نارایشگەر

el cobrador

گەیێنەر

el mecánico

میکانیک

el capitán

کەشتیوان

el dentista

ددانساز، دوکتۆری ددان

el científico

زانا

el rabino

مەڵای جوولەکان

el imán

ئیمام

el monje

کەسی ئایینی

el sacerdote

قەشە

las herramientas

ئامراز و کەرەستە

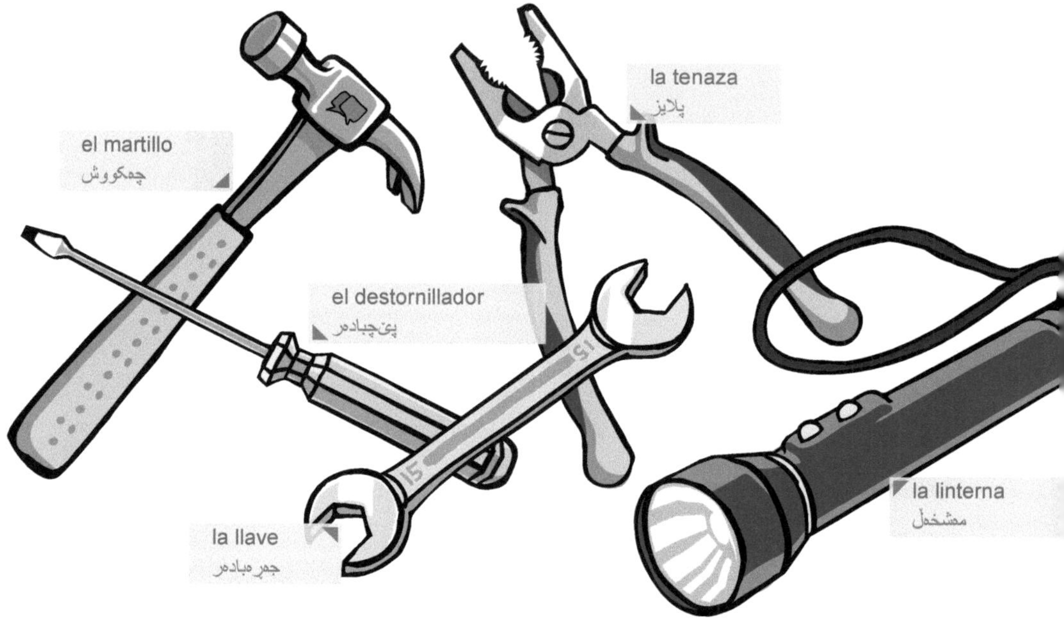

el martillo
چەکووش
la tenaza
پلایز
el destornillador
پێچبادەر
la llave
جەرەبادەر
la linterna
مشخەڵ

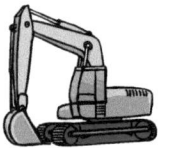

la excavadora

شۆفڵ

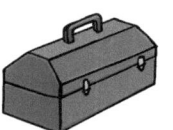

la caja de herramientas

سندووقی ئامراز

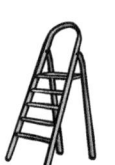

la escalera portátil

پەیژە

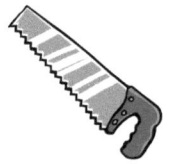

la sierra

مشار

los clavos

بزمارەکان

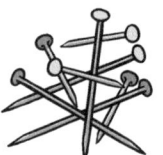

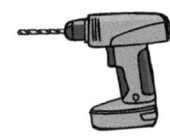

el taladro

کونکەرە

arreglar

چاککردنەوە

la pala de jardín

پیّمەرە

¡Qué bronca!

نەفرەت!

la pala de plástico

خاكەناز

el tacho de pintura

قەتووی بۆیاخ

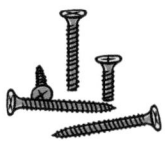

los tornillos

پیّچمكان، جەرمەكان

los instrumentos musicales

ئامیّرەكانی موزیک

el parlante
قسمكەر، بڵندگۆ

la batería
تاقمیّ تەمپڵ

la guitarra
گیتار

el contrabajo
جۆری گیتار

la trompeta
زورنا

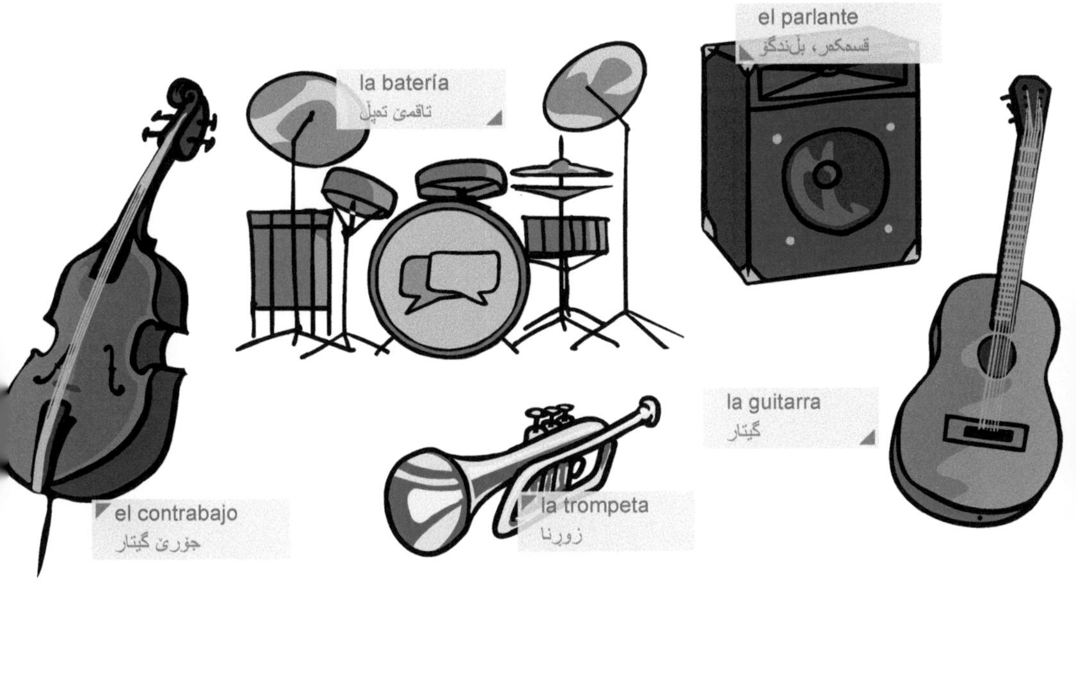

el piano

پیانۆ

el violín

کەمانچە

el bajo

گیتار

los timbales

دەهۆڵ

el tambor

تەپڵ

el teclado

تەختەکلیل

el saxofón

ساکسافۆن

la flauta

فلووت، شمشاڵ

el micrófono

مایکرۆفۆن

el zoológico
باخچەی ئاژەڵان

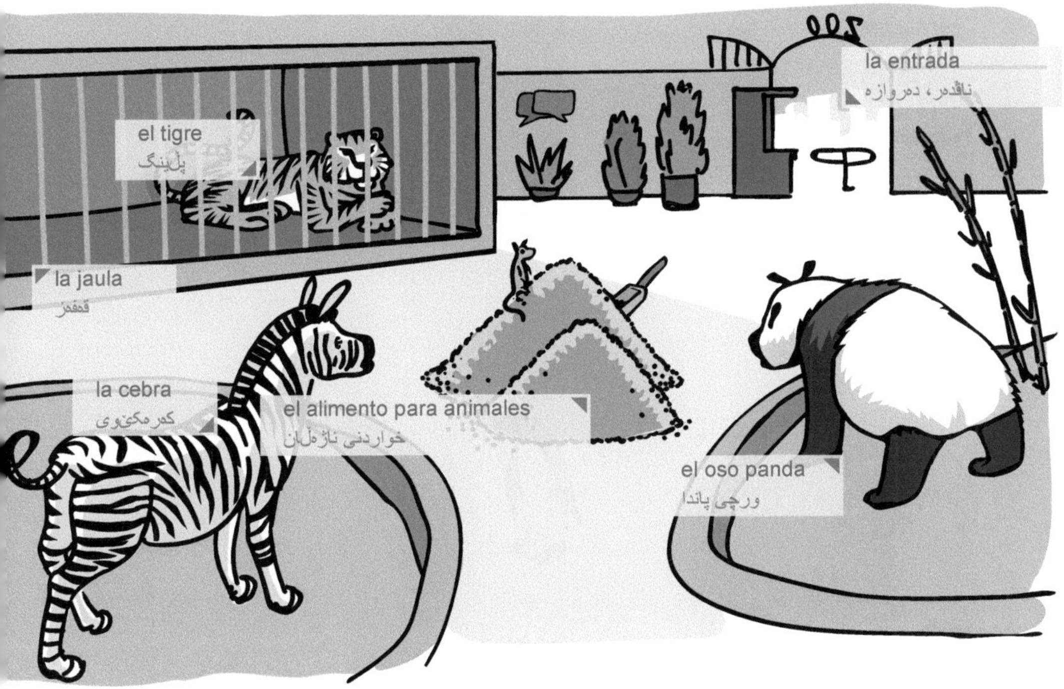

zoo
el tigre
پڵینگ
la entrada
ناڤدەر، دەروازە
la jaula
قەفەز
la cebra
کەرەکێوی
el alimento para animales
خواردنی ئاژەڵان
el oso panda
ورچی پاندا

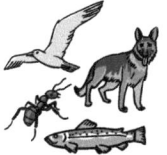

los animales

ئاژەڵەکان

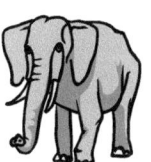

el elefante

فیل

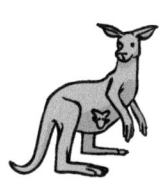

el canguro

کانگۆرۆ

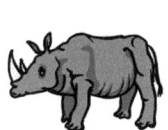

el rinoceronte

کەرکەدەن

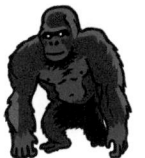

el gorila

گۆریلا

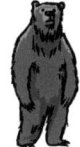

el oso

ورچ

el camello

وشتر

el avestruz

وشترمريشک

el león

شێر

el mono

مەيموون

el flamenco

فلّامینگۆ

el loro

تووتی

el oso polar

ورچی جەمسەری

el pingüino

پێنگوین

el tiburón

قرش، سەگەماسی

el pavo real

تاووس

la serpiente

مار

el cocodrilo

تیمساح

el cuidador del zoológico

پاریزەری باخچەی ناژەڵان

la foca

سەگی دەریایی

el jaguar

پلّینگ

el poni

ئەسپی قەزمەم

el leopardo

پشیلەی پڵینگی

el hipopótamo

ئەسپی ئاوی

la jirafa

زەڕافە

el águila

هەڵۆ

el jabalí

بەرازی کێوی

el pescado

ماسی

la tortuga

کیسەڵ

la morsa

والڕاس، ئاژەڵی کی دەریایی

el zorro

ڕێوی

la gacela

ئاسک

el fútbol americano
تۆپی پێی ئەمریکی

el ciclismo
دووچەرخەیخوڕین

el tenis
تێنیس

el básquet
تۆپی باسکە

la natación
مەلەکردن

el boxeo
بۆکسێن

el hockey sobre hielo
هۆکی سەر سەهۆڵ

el fútbol
فووتبۆڵ

el bádminton
بەدمینتۆن

el atletismo
وەرزشوان

el handball
هەندباڵ

el esquí
خلیسکێن

el polo
پۆلۆ

las actividades

چالاکیەکان

reír
پێکەنین
saltar
بازکردن
abrazar
لەباوەشگرتن، لەئامێزگرتن
caminar
بەڕێداڕۆیشتن، پیاسەکردن
cantar
گۆرانی خوێندن
soñar
خەون دیتن، خەون بینین
rezar
پاڕانەوە، نوێژکردن
besar
ماچکردن

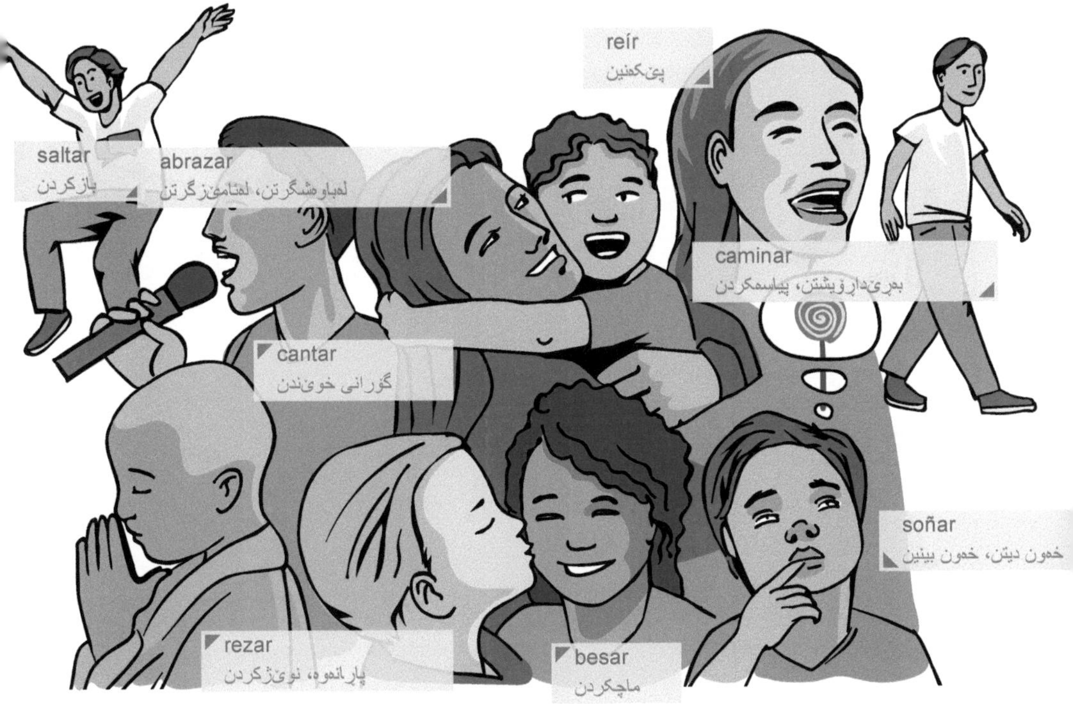

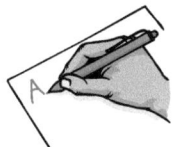

escribir

نووسین

dibujar

وێنەکێشان

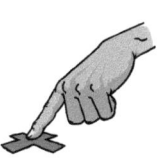

mostrar

نیشاندان

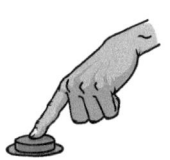

presionar

پاڵ پێوەنان

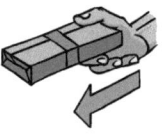

dar

دان

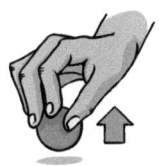

tomar

هەڵگرتن

tener

هەبوون

hacer

کردن

ser

بوون

estar parado

ڕاوەستان

correr

هەڵاتن

tirar

کێشان

tirar

هاویشتن

caer

کەوتن

estar acostado

درۆکردن

esperar

چاوەڕێبوون

llevar

هەڵگرتن

estar sentado

دانیشتن

vestirse

جل لەبەرکردن

dormir

خەوتن

despertar

لەخەو هەستان

mirar

چاولێکردن

llorar

گریان

acariciar

جمڵتەلێدان

peinar

قژداهێنان، شانەکردن

hablar

قسمەکردن

entender

تێگەیشتن

preguntar

پرسیارکردن، پرسین

escuchar

گوێڕاگرتن

beber

خواردنەوه

comer

خواردن

ordenar

رێکوپێک کردن

amar

خۆشویستن

cocinar

چێش لێنان

manejar

شۆفێرییەکردن

volar

فڕین

navegar

کەشتیوانی

calcular

حساب‌کردن، ژماردن

leer

خوێندنەوە

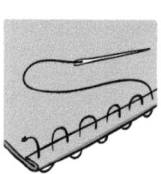

aprender

فێربوون

trabajar

کارکردن

casarse

زەماوەندکردن

coser

دورین، دوورومانکردن

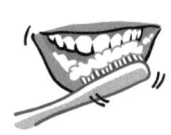

cepillarse los dientes

فڵچە لەددان دان

matar

کوشتن

fumar

جگەرەمکێشان

enviar

ناردن

la abuela
دایمگەورە

el abuelo
باوکگەورە

el padre
باوک، باب

la madre
دایک

el bebé
مندالّی ساوا

la hija
کچ

el hijo
کور

el invitado

میوان

la tía

پوور

el tío

مام، خاڵ

el hermano

برا

la hermana

خوشک

el cuerpo

جەستە، لەش

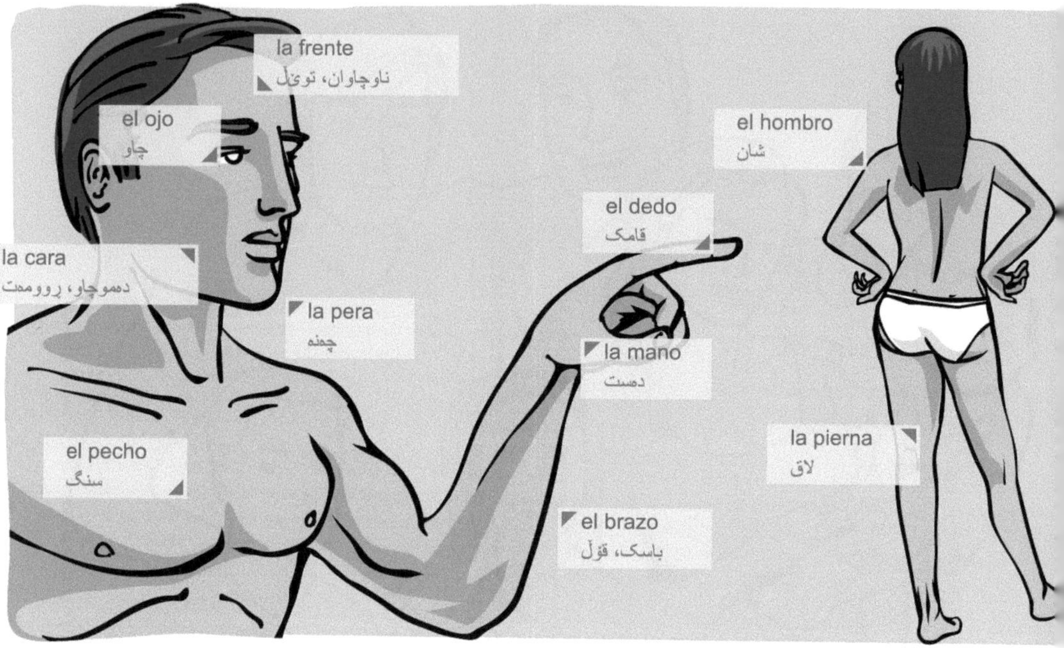

la frente
ناوچاوان، تویڵ
el ojo
چاو
el hombro
شان
el dedo
قامک
la cara
دەموچاو، ڕوومەت
la pera
چەنە
la mano
دەست
el pecho
سنگ
la pierna
لاق
el brazo
باسک، قۆڵ

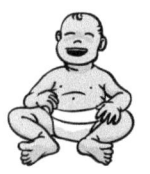

el bebé
منداڵی ساوا

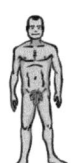

el hombre
پیاو

la mujer
ژن

la nena
کچ

el nene
کوڕ

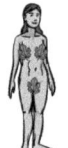

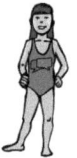

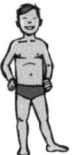

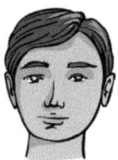

la cabeza
سەر

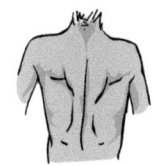

la espalda

پشت

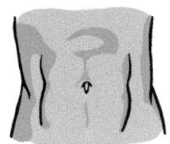

la panza

زگ

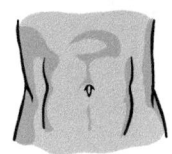

el ombligo

ناوک

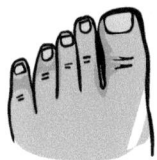

el dedo del pie

قامکی پێ

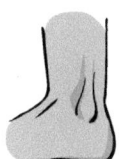

el talón

پاژنەی پێ

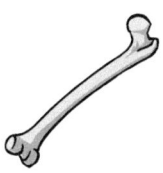

el hueso

ئێسقان، ئێسک

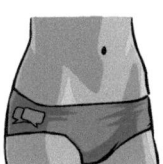

la cadera

سمت

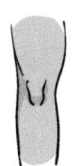

la rodilla

ئەژنۆ

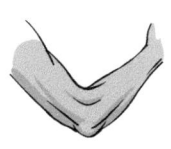

el codo

ئانیشک

la nariz

لووت

la cola

قوون

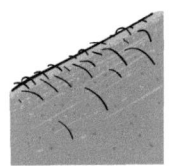

la piel

پێست

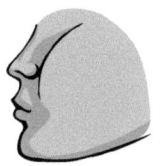

el cachete

گۆپ

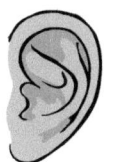

la oreja

گوێ

el labio

لێو

la boca

دﻣ، زار

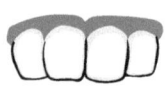

el diente

ددان

la lengua

زﻣﺎن

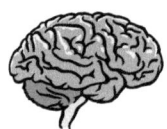

el cerebro

ﻣێﺷک

el corazón

دڵ

el músculo

ﻣﺎﺳووﻟﮑﮫ

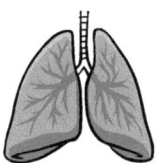

el pulmón

ﺳﯾﭘﮫﻻک، ﺳﯽ

el hígado

جﮕﮫر

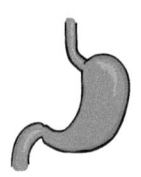

el estómago

ﮔﮫدﮫ

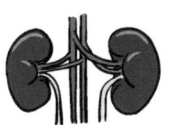

los riñones

ﮔورﭼﯾﻠﮫ

el sexo

ﺳێﮑس

el preservativo

ﮐۆﻧدۆم

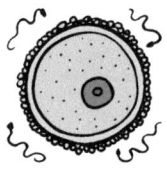

el óvulo

ﺗوو، ﮔرا

el semen

ﺗۆو

el embarazo

دووﮔﯾﺎﻧﯽ

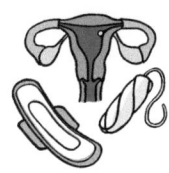

la menstruación

کەوتنە سەر خوێن

la vagina

زێ

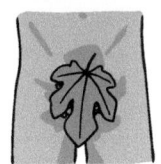

el pene

کێر

la ceja

برۆ

el pelo

قژ

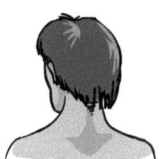

el cuello

مل

el hospital

نەخۆشخانە، خەستەخانە

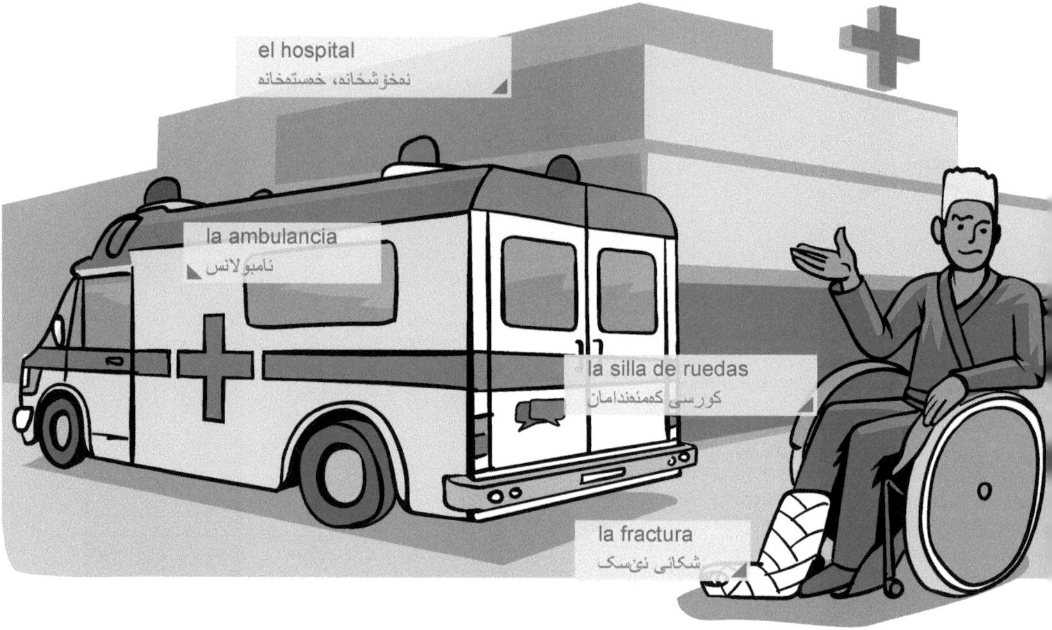

el hospital
نەخۆشخانە، خەستەخانە
la ambulancia
ئامبولانس
la silla de ruedas
کورسی کەمئەندامان
la fractura
شکانی ئێسک

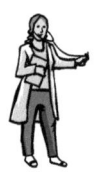

el médico

دکتۆر

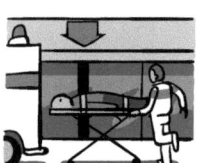

la sala de guardia

ژووری فریاکەوتن

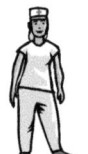

la enfermera

نەخۆشوان

la emergencia

ئورژانس، بەشی فریاکەوتن

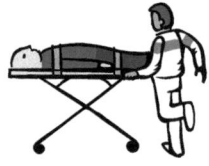

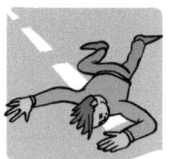

inconsciente

بێهۆش

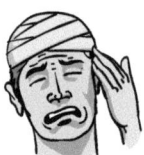

el dolor

ژان، ئێش

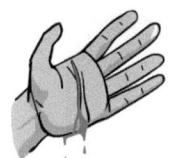

la lesión

برينداری

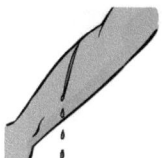

la hemorragia

خوێنڕێژی

el infarto

جەڵتەی دڵ

el ACV

جەڵتە

la alergia

ئالێرژی، هەستیاری

la tos

کۆخە

la fiebre

تا

la gripe

ئەنفلۆنزا

la diarrea

زگچوون

el dolor de cabeza

سەرێشە، ژانەسەر

el cáncer

سەرەتان

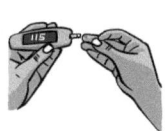

la diabetes

شەکرە

el cirujano

نەشتەرگەر

el bisturí

نەشتەر، چەقۆی تۆێنکاری

la operación

نەشتەرگەری

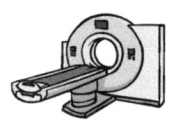

la TC

CT

تیشکی تێکس

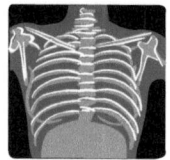

los rayos x

تیشکی تێکس

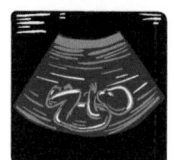

la ecografía

ئولتراساوند

el barbijo

ماسکی ڕوومەت

la enfermedad

نەخۆشی

la sala de espera

ژووری چاوەڕێبوون

la muleta

گۆچان

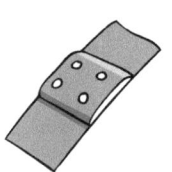

la curita

مشەما

la venda

برین پێچ

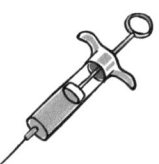

la inyección

دەرزی لێدان

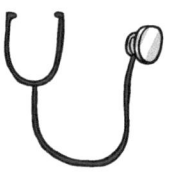

el estetoscopio

بیستۆکی پزیشک

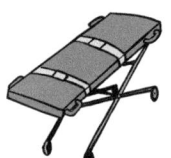

la camilla

داربەست

el termómetro

گەرماپێوی کلینیکی

el nacimiento

لەدایکبوون

el sobrepeso

زیادەکێش/قەڵەوویی

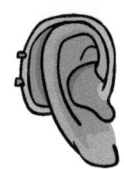

el audífono

بیستوک

el virus

ویروس

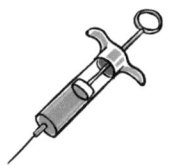

la vacunación

کوتان

a llamada de emergencia

تەلەفۆنی فریاکەوتن

el desinfectante

میکرۆبکوژ

el VIH / SIDA

ئەیدز

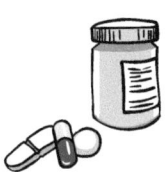

los comprimidos

حەب

el tensiómetro

پێشانگەری پەستانی خوێن

la infección

چڵک

el remedio

دەرمان

la pastilla anticonceptiva

حەب

enfermo / sano

نەخۆش / سڵامەت

¡Ayuda!

يارمەتى!

la alarma

ناگاداركردنەوە، ئەلارم

la agresión

دەستدرێژى

el ataque

هێرشكردن

el peligro

مەترسى

la salida de emergencia

چوونەدەرەومى ئورژانس

¡Fuego!

ئاگر!

el matafuego

ئاگركوژێنەوە

el accidente

رووداو، پێشهات

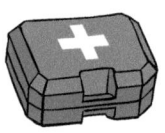

el botiquín de primeros auxilios

قوتووى يارمەتى فرياكەوتن

el SOS

SOS

la policía

پوليس

Europa

نەورۆپا

América del Norte

ئەمریکای باکوور

América del Sur

ئەمریکاری باشوور

África

ئافریقا

Asia

ئاسیا

Australia

ئوسترالیا

el Atlántico

ئەتڵەسی، ئۆقیانووسی ئەتڵەسی

el Pacífico

زەریای هێمن

el Océano Índico

ئۆقیانووسی هیندی

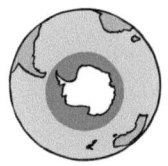

el Océano Antártico

ئۆقیانووسی جەمسەری باشوور

el Océano Ártico

ئۆقیانووسی جەمسەری باکوور

el polo norte

جەمسەری باکوور

el polo sur

جەمسەری باشوور

la Antártida

ناوچەی جەمسەری باشوور

la Tierra

ئەرز، زەوی

la tierra

خاک، وشکانی

el mar

دەریا، زەریا

la isla

دوورگە

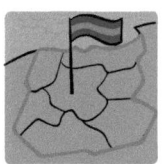

la nación

گەل، نەتەوە

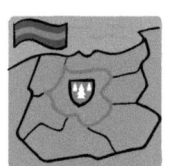

el estado

وڵات، پارێزگا، دەوڵەت

la esfera

روخساری کاتژمێر

la manecilla de las horas

نیشاندەری کاتژمێر

el minutero

نیشاندەری خولەمک

el segundero

دەستی دوو

¿Qué hora es?

کاتژمێر چەندە؟، سمعات چەندە؟

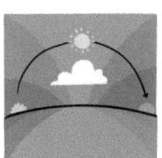

el día

ڕۆژ

la hora

کات، زەمان

ahora

ئێستا، هەنووکە

el reloj digital

کاتژمێری دیجیتاڵی

el minuto

خولەمک

la hora

کاتژمێر

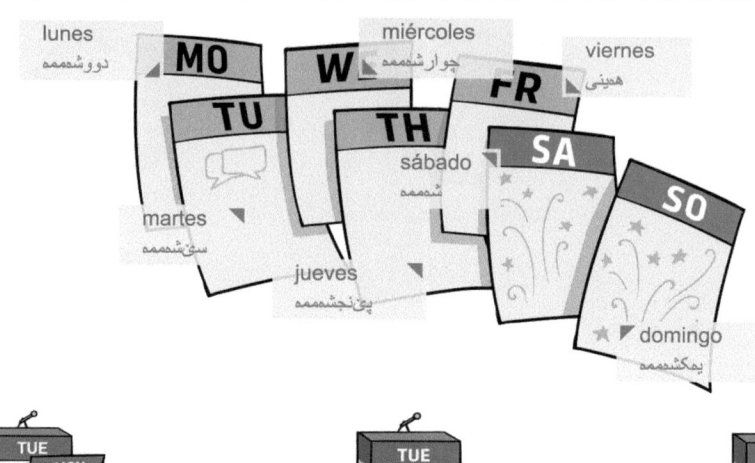

lunes
دووشممه

miércoles
چوارشممه

viernes
هەینی

martes
سێشممه

jueves
پێنجشممه

sábado
شممه

domingo
یمکشممه

ayer

دوێنێ

hoy

ئەمرۆ، ئەمرۆ

mañana

سبەینێ

la mañana

بەیانی

el mediodía

نیوەرۆ

la tarde

ئێواره

los días hábiles

رۆژی کار

el fin de semana

کۆتایی هەفته

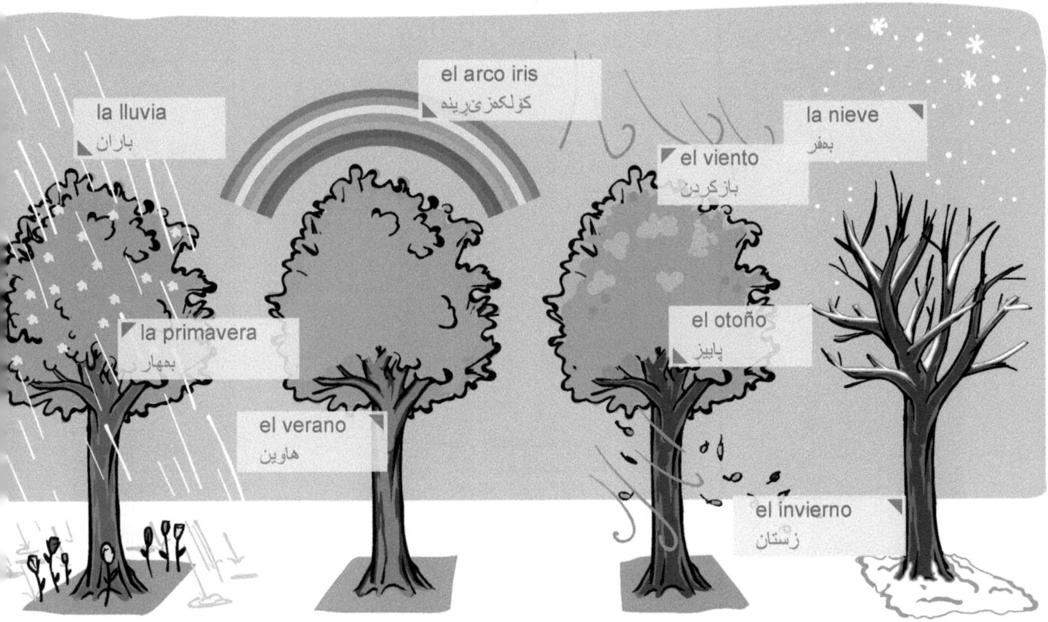

la lluvia
باران
el arco iris
کۆلکەزێرینە
la nieve
بەفر
el viento
بازکردن
la primavera
بەهار
el otoño
پاییز
el verano
هاوین
el invierno
زستان

4.APRIL 11°
5.APRIL 4°
6.APRIL 13°
7.APRIL 8°
8.APRIL 10°

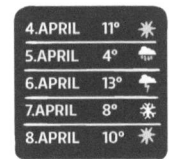

pronóstico meteorológico
....
پێشبینی هەوا

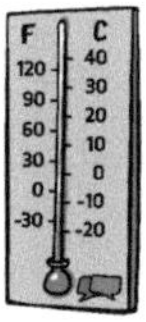

F C
120 40
90 30
60 20
30 10
0 0
-30 -10
-20

el termómetro
....
گەرماپێو

la luz del sol
....
خۆرەتاو

la nube
....
هەور

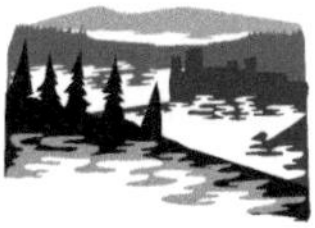

la niebla
....
تەمومژ

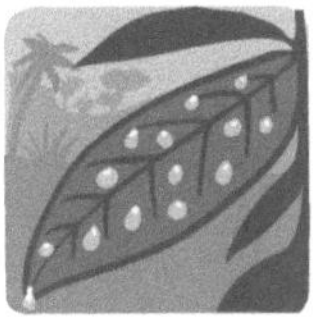

la humedad
....
تەڕایی

el rayo

هەورەتریشقە، بروسکە

el trueno

هەورەگرمە

la tormenta

باوبۆران، تۆفان

el granizo

تەرزە

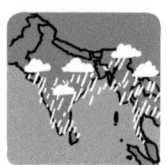

el monzón

مانسوون

la inundación

لافاو

el hielo

سەهۆڵ

enero

جانیوەری

febrero

فێبریوەری

marzo

مارچ

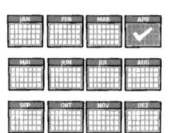

abril

ئەپریل

mayo

مەی

junio

جوون

julio

جوولای

agosto

ئۆگۆست

el año - ساڵ

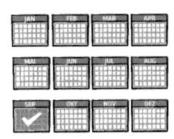

septiembre
....
سێپتەمبەر

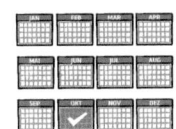

octubre
....
ئۆکتۆبەر

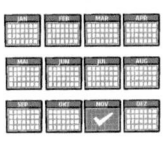

noviembre
....
نۆڤەمبەر

diciembre
....
دێسەمبەر

las formas

شێوەوەکان

el círculo
....
بازنە

el cuadrado
....
چوارگۆشە

el rectángulo
....
چوارگۆشەی درێژ

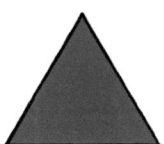

el triángulo
....
سێگۆشە

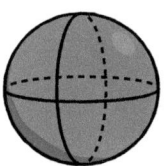

la esfera
....
تۆپ، گۆ

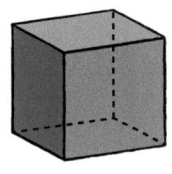

el cubo
....
خشتەک

blanco

سپی

amarillo

زەرد

naranja

پرتەقاڵیی

rosa

پەمەیی

rojo

سوور

violeta

بنەوش

azul

شین

verde

سەوز

marrón

قاوەیی

gris

بۆر

negro

رەش

mucho / poco

زۆر / کەم

enojado / tranquilo

توورە / لەسەرخۆ

lindo / feo

جوان / ناجوان

el principio / el fin

سەرەتا / کۆتایی

grande / chico

گەورە / چکۆلە

claro / oscuro

ڕووناک / تاریک

el hermano / la hermana

برا / خوشک

limpio / sucio

خاوێن / چڵکن

completo / incompleto

تەواو / ناتەواو

el día / la noche

ڕۆژ / شەو

muerto / vivo

مردوو / زیندوو

ancho / angosto

پان / تەنگ

comestible / no comestible

....

خوش / ناخوش

malo / amable

....

نمگریس / ببمزمیی

entusiasmado / aburrido

....

وروژاو / بئزار

gordo / flaco

....

قەلەو / لاواز

primero / último

....

یمکمم / ناخر

el amigo / el enemigo

....

دۆست / دوژمن

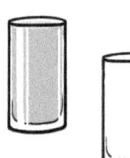

lleno / vacío

....

پڕ / خاڵی

duro / blando

....

رەق / نەرم

pesado / liviano

....

قورس / سووک

el hambre / la sed

....

برسی / توونی

enfermo / sano

....

نەخۆش / سڵامەت

ilegal / legal

....

ناياسايى / ياسايى

inteligente / estúpido

....

زیرەک / گەمژه

izquierda / derecha

....

چەپ / ڕاست

cerca / lejos

....

نزیک / دوور

nuevo / usado

نوێ / کۆن، بەکارھاتوو

nada / algo

ھیچ شتێک / شتێک

viejo / joven

پیر / لاو

encendido / apagado

ھەڵکراو / کوژاوه

abierto / cerrado

کراوه / داخراو

silencioso / ruidoso

بێدەنگ / دەنگی بەرز

rico / pobre

دەوڵەمەند / ھەژار

correcto / incorrecto

ڕاست / ھەڵه

áspero / suave

زبر / ساف

triste / contento

خەمین / خۆشحاڵ

corto / largo

کورت / درێژ

lento / rápido

ھێواش / خێرا

mojado / seco

تەڕ / وشک

caliente / frío

گەرم / فێنک

guerra / paz

شەڕ / ئاشتی

0	**1**	**2**
cero	uno	dos
سیفر	یەک	دوو

3	**4**	**5**
tres	cuatro	cinco
سێ	چوار	پێنج

6	**7**	**8**
seis	siete	ocho
شەش	حەوت	هەشت

9	**10**	**11**
nueve	diez	once
نۆ	دە	یازده

12
doce

دوازده

13
trece

سیزده

14
catorce

چوارده

15
quince

پازده، پانزه

16
dieciséis

شازده

17
diecisiete

حەڤدە

18
dieciocho

هەژدە

19
diecinueve

نۆزدە

20
veinte

بیست

100
cien

سەد

1.000
mil

هەزار

1.000.000
el millón

میلیۆن

el inglés

ئینگلیزی

el inglés americano

ئینگلیزی ئەمەریکی

el chino mandarín

چینی ماندارین

el hindi

هیندی

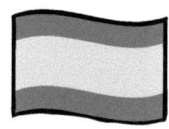

el español

ئیسپانی

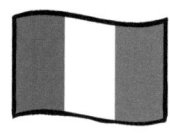

el francés

فەرەنسی

el árabe

عەرەبی

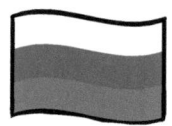

el ruso

رووسی

el portugués

پۆرتوگالی

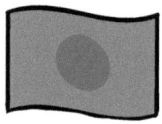

el bengalí

بەنگالی

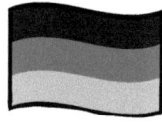

el alemán

ئاڵمانی

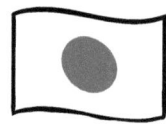

el japonés

ژاپۆنی

yo

من

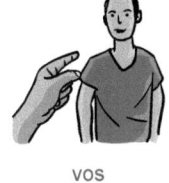

vos

تۆ

él / ella

ئەو

nosotros

ئێمە

ustedes

ئێوه

ellos

ئەوان

¿quién?

کێ؟

¿qué?

چی؟

¿cómo?

چۆن؟

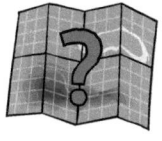

¿dónde?

لەکوێ؟

¿cuándo?

کەنگێ؟ کەی؟

el nombre

ناو

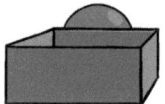

detrás

لەپشت

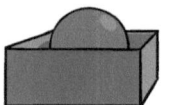

en

لە

adelante de

لەپێش

por encima de

سەرێ

sobre

لەسەر

debajo de

ژێر

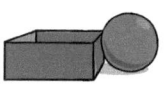

al lado de

لە تەنیشت

entre

لەنێوان

el lugar

شوێن، جێ